# 古代歷史文化 研究輯刊

## 四 編

王明蓀 主編

# 第 4 冊

## 西周對外經略研究（下）

何樹環 著

國家圖書館出版品預行編目資料

西周對外經略研究(下)／何樹環 著 — 初版 — 台北縣永和市：
花木蘭文化出版社，2010〔民 99〕
目 2+166 面；19×26 公分
（古代歷史文化研究輯刊 四編；第 4 冊）
ISBN：978-986-254-224-8（精裝）
1. 西周史

621.52                                           99012819

ISBN - 978-986-254-224-8

9 789862 542248

古代歷史文化研究輯刊
四 編 第四冊                      ISBN：978-986-254-224-8

西周對外經略研究（下）

作　　者　何樹環
主　　編　王明蓀
總 編 輯　杜潔祥
印　　刷　普羅文化出版廣告事業
出　　版　花木蘭文化出版社
發 行 所　花木蘭文化出版社
發 行 人　高小娟
聯絡地址　台北縣永和市中正路五九五號七樓之三
　　　　　電話：02-2923-1455／傳真：02-2923-1452
電子信箱　sut81518@ms59.hinet.net
初　　版　2010 年 9 月
定　　價　四編 35 冊（精裝）新台幣 55,000 元

# 西周對外經略研究（下）

何樹環　著

# 目

# 次

# 第五章　西周與玁狁、犬戎和「西土」諸侯

　　西周在武王克殷之前，據《史記·周本紀》的記載，與戎狄是有密切關係。周人的始祖后稷，其母為姜原。不窋時「夏后氏政衰，去稷不務，不窋以失其官而犇（奔）戎狄之間」。公劉時「雖在戎狄之間，復脩后稷之業」。至古公亶父時「薰育戎狄攻之……乃與私屬遂去豳，度漆、沮，踰梁山，止於岐下……於是古公乃貶戎狄之俗，而營築城郭室屋，而邑別居之，作五官有司。」這些「戎狄」，應該與「北方系青銅器」文化中的西戎文化有緊密關聯的民族，而就考古所見，這些「北方系青銅器」不但在距離關中不遠的寧夏固原一帶的墓葬中發現，在關中一帶出土也已不是罕例，那麼周人自武王克殷之後是如何對待這些民族？根據銅器銘文和文獻所載，西周康王之世曾伐畎方，穆王時曾伐犬戎，中晚期時來自西北方的大敵是玁狁，西周末年，申侯、犬戎攻殺幽王，致使西周滅亡。上舉之畎方、玁狁、犬戎是否為同一部族？如果不是同一族，在「北方系青銅器」的相關材料上是否也有所反映？另外，姜姓部族與周人有密切的關係，而學者多謂姜、羌有密切關聯，那麼西周與羌族的關係又是如何？本章即試由西周與玁狁的戰爭為起點，對上述的問題進行討論。

## 第一節　西周與玁狁的戰爭

　　先將銅器銘文和文獻所見西周與玁狁戰爭的相關材料抄錄於下，再進行討論。

1. 〈多友鼎〉：唯十月，用嚴（玁）狁（狁）放（方）興（興），廣（廣）伐京自，告追于王，命武公遣乃元士羞追于京自，武公命多友衛（率）公車羞追于京自。癸未，戎伐筍，衣（卒）孚（俘）。多友西追。甲申之脈（晨），博（搏）于郑，〔註1〕多友右（有）折首執嚇（訊），凡以公車折首二百又□又五人，執嚇（訊）廿又三人，孚（俘）戎車百乘一十又七乘，衣（卒）復筍人孚（俘）。或博（搏）于龏，折首卅又六人，執嚇（訊）二人，孚（俘）車十乘。從至追博（搏）于世，多友或右（有）折首執嚇（訊），乃轄〔註2〕追至于楊冡，公車折首百又十又五人，執嚇（訊）三人。唯孚（俘）車不克以，衣（卒）焚，唯馬敺（驅）盡（盡），復奪京自之孚（俘）。〔註3〕多友迺獻孚（俘）、馘、嚇（訊）于公，武公迺獻于王，迺曰武公曰：「女（汝）既靜京自，贅（釐）女（汝），易（錫）女（汝）土田。」丁酉，武公在獻官，迺命向父召多友，迺遶于獻宮，公親（親）曰多

---

〔註1〕郑或釋爲郔，董蓮池對此字釋爲郔之不可信已有詳細說明。而李仲操舉〈从鼎〉（《集成》2461）〈王人甗〉之「年」字作、，認爲郑可釋爲「郔」。按，〈王人甗〉（《集成》941）之「年」字作，無作者，李說不可信。董說見：《金文編校補》p196～197，東北師範大學出版社1995年。李說見：〈也釋多友鼎銘文〉，《人文雜志》1982年6期。

〔註2〕轄字多隸定爲轄（以下以○表示）具體讀法不一，或讀爲「軼」（李學勤），或讀爲「突」（馬承源），或讀爲「秩」（李仲操），或讀爲「逞」（黃盛璋），前二者訓「軼」、「突」，爲「突」之意，「○追」猶「突擊」，後二者訓「秩」、「逞」爲「快」之意，「○追」猶「快速進擊」。按，上述諸說雖於文義皆可通，但此字依字形是否可隸定爲从「呈」聲的字是可疑的。此字所从之「」尚見於〈班簋〉，作（《集成》4341），是毛公所率領伐東國痟戎的軍隊中的一個方國名。另外〈晉侯穌鐘〉有「或」字，是晉侯穌攻鄆城時所率領的軍隊之一，簋銘和鐘銘中的、或，很可能是指同一個方國。而、或所从者，與从呈聲的呈有所區別。故○隸定爲轄是有疑問的。李學勤說見：〈論多友鼎的時代及意義〉，《人文雜志》1981年6期，復收於《新出青銅器研究》。馬說見：《商周青同器銘文選》Ⅲp284。李仲操說見：〈也釋多友鼎銘文〉，《人文雜志》1982年6期。黃說見：〈多友鼎的歷史與地理問題〉，《古文字論集》（一），《考古與文物叢刊》第2號，1983年。又，以〈班簋〉、〈晉侯穌鐘〉之、或指同一方國（或地名）的說法，尚見於陳雙新：〈樂器銘文考釋〉，《古文字研究》22輯，中華書局2000年7月。

〔註3〕盡字多釋爲《說文》訓爲「傷痛也」的「盡」，黃盛璋認爲，此句意謂「俘獲的兵車不能帶走（引按，可能是御者不足），全部焚燒，只能驅馬而回。全部奪回京師的俘人。」黃文出處見註2。也可能「盡」應連上句讀，意爲「所俘獲的馬盡數驅回」。

友曰：「余肇事（使）女（汝），休，不逆，又（有）成事，多禽（擒），女（汝）靜京自，易（錫）女（汝）圭瓚一、湯（盪）鐘一𨟻（造）〔註4〕、鐈鋚百匀（鈞）。」多友敢對揚公休，用乍障鼎，用倗（朋）用舀（友），其子＝孫＝永寶用。（《集成》2835，圖二、73）

2. 〈不𡢁簋〉：唯九月初吉戊申，白氏曰：「不𡢁，馭（禦）方厰（玁）𤞷（狁）廣伐西俞（隃），王令我羞追于西。余來歸獻禽（擒）。余命女（汝）御追于𩂣。女（汝）以我車宕（蕩）伐厰（玁）𤞷（狁）于高陶，女（汝）多折首執𡁘（訊），戎大同，從追女＝（汝），（汝）彶（及）戎大𦎫（敦）𢦏（搏），女（汝）休，弗以我車圅（陷）于蘸（艱）。女（汝）多禽（擒），折首執𡁘（訊）。白氏曰：「不𡢁，女（汝）小子，女（汝）肇誨（敏）于戎工（功）。易（錫）女（汝）弓一矢束，臣五家，田十田，用從乃事。」不𡢁拜䭫手休，用乍朕皇且（祖）公白（伯）孟姬障簋，用匄多福，眉壽無疆，永屯（純）霝（靈）冬（終），子＝孫＝其寶用。

《集成》4328～4329，圖二、74

3. 〈虢季子白盤〉：隹十又二年正月初吉丁亥，虢季子白乍寶盤。丕顯子白𦔻（臧）武于戎工（功），〔註5〕經縷（維）四方，𢦏（搏）戎厰（玁）𤞷（狁）于洛之陽，折首五百，執𡁘五十，是以先行。桓＝子白，獻馘于王＝，（王）孔加子白義（儀）。〔註6〕王各（格）周廟宣廟（榭），爰卿（饗）。王曰：「白父，孔顯又（有）光。」王睗（錫）

〔註4〕𨟻字（以下以○表示）李學勤讀爲「肆」，「一○」即一套編鐘。劉雨亦以「一○」爲一套、一組之意。蔡哲茂、吳匡則認爲可能即《說文》之「𨟻」，在銘文中讀爲「造」，「一造」也就是「一套」，此說可從。上舉李說，出處見註2。劉說見：〈多友鼎銘的時代與地名考訂〉，《考古》1983年2期。蔡、吳說見：〈釋金文𢍰、𢦏、𢧵、𨟻等字——兼解《左傳》的「讒鼎」〉，《史語所集刊》59本4分，1991年。

〔註5〕𦔻舊說皆讀爲「壯」，訓爲「大」，裘錫圭1998年於台灣清大授課時指出，《詩·小雅·采芑》：「方叔允老，克壯其猶（猷）」〈小雅·小旻〉：「謀臧不從，不臧復用。」謀猷乃是善不善而不是大不大的問題，故〈采芑〉之「壯」與本銘之「𦔻」皆當讀爲「臧」。

〔註6〕舊皆讀此句之「加」爲「嘉」，然裘錫圭指出「加」有「加等」、「增加」之意，「義」爲「儀」之本字，此句謂王增加子白服儀的等級之意。裘說出處同註5。

乘馬，是用左（佐）王，賜（錫）用弓、彤矢其央，〔註7〕賜（錫）用戉（鉞），用政鑾（蠻）方。子＝孫＝萬年無疆。（《集成》10173，圖二、113）

4. 〈兮甲盤〉：隹五年三月既死霸庚寅，王初各（格）伐厥（玁）㺐（狁）于䔍鷹，兮甲從王，折首執噩（訊），休，亡既（眔？）。王易（錫）兮甲馬四匹，駒車……（《集成》10174，圖二、114）

5. 《詩經·小雅·采薇》：采薇采薇，薇亦作止。曰歸曰歸，歲亦莫止。靡室靡家，玁狁之故。不遑啓居，玁狁之故。采薇采薇，薇亦柔止。曰歸曰歸，心亦憂止。憂心烈烈，載飢載渴，我戍未定，靡使歸聘。……彼爾維何？維常之華。彼路斯何？君子之車。戎車既駕，四牡業業，豈敢定居？一月三捷。駕彼四牡，四牡騤騤。君子所依，小人所腓。四牡翼翼，象弭魚服。豈不日戒？玁狁孔棘。

6. 《詩經·小雅·出車》：我出我車，于彼牧矣。自天子所，謂我來矣。召彼僕夫，謂之載矣。王事多難，維其棘矣。……王命南仲，往城于方。出車彭彭，旂旐央央，天子命我，城彼朔方。赫赫南仲，玁狁于襄。……喓喓草蟲，趯趯阜螽。未見君子，憂心忡忡，既見君子，我心則降。赫赫南仲，薄伐西戎。春日遲遲，卉木萋萋。倉庚喈喈，采蘩祁祁。執訊獲醜，薄言還歸。赫赫南仲，玁狁于夷。

7. 《詩經·小雅·六月》：六月棲棲，戎車既飭。四牡騤騤，載是常服。玁狁孔熾，我是用急。王于出征，以匡王國。……我服既成，于三十里，王于出征，以佐天子。四牡脩廣，其大有顒。薄伐玁狁，以奏膚公。有嚴有翼，共武之服，以定王國。玁狁匪如，整居焦穫。侵鎬及方，至于涇陽。織文鳥章，白旆央央。元戎十乘，以先啓行。戎車既安，如輊如軒，四牡既佶，既佶且閑。薄伐玁狁，至于大原。文武吉甫，萬邦為憲。

8. 《詩經·小雅·采芑》：蠢爾蠻荊，大邦為讎，方叔元老，克壯其猶。方叔率止，執訊獲醜。戎車嘽嘽，嘽嘽焞焞，如霆如雷。顯允方叔，征伐玁狁，蠻荊來盛。

〔註7〕 「其央」猶「央央」，參王顯：〈詩經中跟重言作用相當的有字式、其字式和思字式〉，《語言研究》1959 年 4 期。

另外，銅器銘文中的〈師同鼎〉，一般也認爲與玁狁或北方民族的戰爭有關：

9. 〈師同鼎〉：犂畀其井，師同從，折首執嘛（訊），守（持）車馬五乘，大車廿，羊百，刜從王𤔲于𤞤，守（持）戎金胄卅，戎鼎廿，鋪（鏷）五十，鐱（劍）廿，用鑄茲障鼎，子＝孫＝其永寶用。〔註8〕（《集成》2779，圖二、115）

先就上舉材料中具爭議的部分進行討論與說明。上舉銘文中最有爭議的是關於〈多友鼎〉的作戰區域。自從田醒農、雒忠如公布〈多友鼎〉銘文拓片並作了考釋之後，〔註9〕學界對〈多友鼎〉的作戰區域就有兩種看法，一是主張在山西，一是主張在陝西境內。二者差別的原因除了銘文中地望的考訂之外，主要是根據「京自」來說的。而同樣主張陝西境內說的學者，對「京自」的理解也不盡相同。個人認爲，「陝西說」是正確的，「京自」指的應該不是鎬京，而是豳。以下試由「京自」的所在及〈多友鼎〉作戰路線加以說明。

A. 「京自」的所在

「京自」之稱見於文獻和銅器銘文者主要有：（《左傳》中例子甚多，指的是東周王城之所在，茲不列）

a. 《詩經・大雅・公劉》：「篤公劉，逝彼百泉，瞻彼溥原。迺陟南岡，乃覯于京。京師之野，于時處處，于時廬旅……篤公劉，于豳斯館……。」

b. 《詩經・曹風・下泉》：「洌彼下泉，浸彼苞稂，愾我寤嘆，念彼周京。洌彼下泉，浸彼苞蕭。愾我寤嘆，念彼京周。洌彼下泉，浸彼苞蓍。愾我寤嘆，念彼京師，芃芃黍苗，陰雨膏之，四國有王，郇伯勞之。」

c. 《詩經・大雅・民勞》：「民亦勞止，汔（乞）可小康，惠此中國，以

〔註8〕鼎銘文意似不完整，李學勤、李仲操認爲應是銘文分鑄的緣故。銘文中的刜、𤔲、𤞤三字各家釋讀不同。又，鼎銘之內容自李學勤指出與北方民族有關，爲學界所咸信。李學勤文見：〈師同鼎試探〉，《文物》1983年6期，李仲操文見：〈師同鼎「犂畀其井」芻議〉，《人文雜志》1990年6期，其他考釋文章尚見於王輝：〈犂畀鼎通讀及其相關問題〉，《考古與文物》1983年6期，陳世輝：〈師同鼎銘文考釋〉，《史學集刊》1984年1期。由於〈師同鼎〉中所記與周人作戰的對象不明確，本文僅暫列於此，不多作討論。

〔註9〕田醒農、雒忠如：〈多友鼎的發現及其銘文試釋〉，《人文雜志》1981年4期。

綏四方。……民亦勞止，汔（乞）可小休，惠此中國，以爲民逑。……
民亦勞止，汔（乞）可小息，惠此京師，以綏四國。……」〔註10〕

d. 〈克鐘〉：隹十又六年九月初吉庚寅，王在周康剌（厲）宮，王乎（呼）
士曶召克，王親令克遹涇東至于京自……（《集成》204～208）（有
同銘文鎛，見《集成》209）

e. 〈晉公盦〉：□命唐公，□宅京自……（《集成》10342）

f. 〈晉姜鼎〉：魯覃京自……（《集成》2826）

a 中的「京師」由詩文可明確知道，指的是豳（今陝西彬縣附近），此歷來皆
無異說。d的「京自」，則有彬縣（豳）、京師鎬京二說。主彬縣（豳）之說者
如李學勤，其說云：

周王命克循行涇水之東，直到京師，正和彬縣東北涇水東岸一帶地
望相符。〔註11〕（以下簡稱李文）。

李仲操更進一步認爲

京師，在西周時專指公劉所都之豳。〔註12〕

以 d 之「京自」即鼎銘之「京自」的說法，黃盛璋、劉雨都提出質疑，黃盛
璋云：

克至京師受賞，所以克作此鐘記之。銅器康宮在周，此京師指周都
之確證。李文據此認爲京師正和彬縣東此涇水東岸地望相符，則銘
文都講不通。這是京師稱國都而不是地名專名的又一佳證。〔註13〕
（以下簡稱黃文）

劉雨云：

（一）涇水歷來認爲是一條東西向的水。今地名尚有「涇陽」之稱。
不見有「涇東」、「涇西」之稱。（二）西周金文中的「周」多指岐周。
周原甲骨有多處記載，周原出土的墻盤亦有「舍寓于周」的記載。
故克鐘：「王在周……王親令克遹涇東至于京師。」鐘銘之「周」應

---

〔註10〕「汔」讀「乞」，訓「求」，參于省吾：《澤螺居詩經新證》p59～60，中華書
局 1982 年 11 月 1 版。

〔註11〕李學勤：〈論多友鼎的時代及意義〉，《人文雜志》1981 年 6 期，復收於《新出
青銅器研究》。

〔註12〕李仲操：〈也釋多友鼎銘文〉，《人文雜志》1982 年 6 期。

〔註13〕黃盛璋：〈多友鼎的歷史與地理問題〉，《古文字論集》（一）《考古與文物》叢
刊第 2 號，1983 年。

爲「岐周」，即《漢書・匈奴傳》：「亶父亡于岐下，豳人悉從亶父而邑焉，作周」之周。其地對涇水而言爲西，故鐘銘可稱「通涇東至于京師」。鎬京稱「宗周」、「京師」，不見有稱「周」者。故鐘銘不能理解爲克從鎬京出發，沿涇水東岸而行。（三）從語言習慣上，在「東」後斷句亦欠妥。有此三點，我以爲將「京師」指爲豳地是很難成立的。〔註14〕（以下簡稱劉文）

至於 e、f 中的「京𠂤」，黃文以爲正可用以說明鼎銘之「京𠂤」不當爲彬縣（豳），其說云：

> 京師之名不見記載，當廢棄已久，未再爲晉都故。《禮記・檀弓》記「趙文子與叔譽觀乎九原」。《太平寰宇記》絳州下：「九京一名九原，晉大夫趙盾葬所，禮記謂趙文子觀處，有水名古水，出九原西」。……絳州今之新絳，則九原或九京在其西北，九京得名當與京師有關。……晉之始封之地亦即晉公盦、晉姜鼎之京師，與九京有關係，應在此一帶。……李文以爲多友西追，雖然表示由周經京師、筍，運動方向系自東而西，如果說京師在新降北，郇在新絳西，則多友進軍變成朝向宗周倒行，方向全然相反。其實多友自何處出發，銘文未記……認爲多友從宗周出發是無據的，至于「多友西追」，明是多友羞追至于京師後，又自京師西追往筍，而玁狁又走，直到次日晨追到郗。古水自九京發源，西南流經筍，多友沿古水谷地追玁狁，方向正是西偏南，完全符合。戰地如在陝西，漢栒邑故城在三水縣（今旬邑）東北二十五里（《太平寰宇記》），而豳在三水縣西三十里（《括地志》），如此多友羞追于京師後，又追玁狁于筍，乃自西向東北，方向恰和「西追」相反，這也是京師并不是豳與栒邑的一個重要證據。

按，鼎銘之「京𠂤」不當爲國都鎬京，且亦非「豳」之專稱。上舉之 b，據〈詩序〉所云，爲東周之詩，詩中的「京師」指的是東周王城，馬瑞辰《毛詩傳箋通釋》論之甚詳，〔註15〕這與《左傳》中「京師」所指是相同的，於

〔註14〕劉雨：〈多友鼎銘的時代與地名考訂〉，《考古》1983 年 2 期。又，以〈多友鼎〉之「京𠂤」爲宗周鎬京的說法，亦見於劉桓：〈多友鼎「京𠂤」地望考辨〉，《人文雜志》1984 年 1 期。

〔註15〕《毛詩傳箋通釋》卷十五・頁七～八，台灣中華書局 1980 年台三版。

此可略之弗論。c 爲西周時之詩，此處之「京師」明確指的是鎬京，故上舉李仲操以西周時「京自」爲「豳」之專稱的說法並不可信。d 的「京自」，由銘文前後來看，鐘銘之「周康剌宮」，唐蘭已清楚地指出，康宮、剌（厲）宮即是康王、厲王之宮（廟），〔註16〕其地在鎬京（故上舉劉文之第二點並不可信）。〔註 17〕經由這點的確定，再來看鐘銘所記之事，周王是在鎬京的康剌（厲）宮親自命令「克」循涇水之東至「京自」，則可明確知道，「京自」與鎬京不是指同一地。黃文把鐘銘的鎬京（宗周）和「京自」等同起來，若按照其說法，則銘文的意思變成「王在鎬京……王親命克遹涇東至於鎬京」，這是說不通的。至於劉文所說的（一）、（三）兩點，關於第（三）點斷句的問題，銘文讀作「遹涇東，至于京自」，或是「遹涇東至于京自」，兩者的差距似乎不太。至於第（一）點，涇水爲東西流向，是否可以有「涇東」的稱法的問題。如果按照劉文的說法，湖北境內所謂的「漢陽諸姬」就應該只能在漢水以北，但事實上，隨、唐、厲等國既是在漢水之東，也是在漢水之北（參第四章第二節附圖），這是因爲漢水先東南流既而轉向東流，而涇水的流向則是西北向東南流，並不是全然是東西向的河川，所以「涇東」與「涇陽」的稱法，實際上並沒有太大的衝突矛盾。另外，洛水基本是南北流向，但〈虢季子白盤〉中即有「洛之陽」。所以古人雖以「山南水北謂之陽」，但也不能完全將之死看。故鐘銘中的「京自」與 a 相參照來看，當如李學勤所說，指的是公劉所都的豳。至於晉國銅器銘文中的「京自」，李學勤指出，e 的這段銘文「不能理

<hr />

〔註16〕 唐蘭：〈西周銅器斷代中的「康宮」問題〉，《考古學報》1962 年 1 期，〈關於大克鐘〉，《出土文獻研究》，文物出版社 1985 年。二文並收於《唐蘭先生金文論集》，紫禁城出版社 1995 年。又，雖然有部分學者仍對斷代的「康宮原則」持懷疑的態度，但仍無損於康宮、剌（厲）宮、犀（夷）宮等在鎬京的說法。

〔註 17〕 關於西周銅器銘文所說的「周」，由〈應侯見工鐘〉銘文「王歸自成周，應侯見工遺王于周」（《集成》107～108）可明確知道，單稱的「周」指的不是成周。部分學者主張「周」是指「周原」，但由周王在周或宗周所「格」的廟有重疊的情形來看（參附表），傳統以「周」爲宗周省稱的說法，仍有其道理。又，李學勤認爲周原遺址是周公采邑，若此說可成立，則以「周」爲周原的說法來看，周公采邑的宗廟種類較宗周鎬京爲多，這種情形似乎不太容易解釋，所以，以「周」爲「周原」的說法，仍存有疑問。以銅器銘文單稱「周」指周原的說法，見於盧連成：〈西周金文所見荼京及相關都邑討論〉，《中國歷史地理論叢》1995 年 3 期，尹盛平：〈試論金文中的「周」〉，《考古與文物叢刊》（三）。李學勤說見：〈青銅器與周原遺址〉，《西北大學學報》1981 年 2 期，復收於《新出青銅器研究》。

解爲武王分封了唐叔⋯⋯可能是指武王所都鎬京,即宗周。武王命唐叔宅(居)于鎬京,事在封唐以前。」﹝註18﹞由於銘文殘泐多字,未知確否。f中的「京自」,與《左傳》和b中的「京師」相同,指的是東周時的天子之都,這點于省吾和陳連慶都已有清楚的說明。﹝註19﹞故黃文以「京師」在山西境內與晉國有關的說法,並以此做爲鼎銘「京自」不再陝西境內的根據,實不可信(對於「多友西追」的意義,詳後文)。

綜上所述,「京自」的稱法,在西周時有二種意義,一是指公劉所居的豳,這種用法的「自」,與第三章第四節中所說的地名加「自」的用法是相同的。另一種意思指的是天子所居的都城,這種意義的「京師」仍延用至東周。而不論是那一種意思,西周時所稱的「京自」都是在陝西境內,這點是很明確的,所以〈多友鼎〉中玁狁所「廣伐」的「京自」是在陝西境內是可以肯定的。既然「京自」在西周時有兩種意思,分指兩個不同的地點,那麼〈多友鼎〉中的「京自」指的是豳?還是鎬京呢?以下由作戰路線來加以說明。

### B. 〈多友鼎〉的作戰路線

前面既然已經確定「京自」是在陝西境內,那麼鼎銘中的「筍」,當如李文、劉文所說,在陝西境內,則今之旬邑。龏,李文認爲即是「共」,在今甘肅涇川縣境附近。據銘文所記,玁狁入侵的地點有京自、筍,多友與之作戰的地點有郱、龏、世、楊冢。李文、黃文所建立多友的作戰路線除了出發地點有宗周、成周的差別之外,兩者是相同的:

宗周(成周)→ 京師 → 筍 → 郱 → 龏 → 世 → 楊冢

李峰以兩處銘文斷讀的不同爲根據,提出新的看法,他認爲舊讀爲

a1　武公命多友率公車羞追于京自

應讀爲

a2　武公命多友:「率公車,羞追于京自」

舊讀爲

b1　癸未,戎伐筍,衣(卒)俘,多友西追。甲申之晨,搏于郱⋯⋯

應讀爲

b2　癸未,戎伐筍,衣(卒)俘。多友西追。甲申之晨,搏于郱⋯⋯

---

﹝註18﹞ 李學勤:〈晉公盫的幾個問題〉,《出土文獻研究》文物出版社 1985 年。

﹝註19﹞ 參于省吾:《雙劍誃吉金文選》上二,頁十八;陳連慶:〈晉姜鼎銘新釋〉,《古文字研究》13 輯,中華書局 1986 年。

（李峰釋郱爲黎）

對於 a 組的文句，他認爲銘文前有「命武公遣乃元士」，a2 的「武公命多友」正與之相對應，所以「事實上，這兩句是這次事件的序幕，並不是眞正軍事行動的記錄。」〔註20〕對於 b 組文句，他認爲舊讀會造成多友的西追是由京自到筍的理解，b2 的斷讀，「多友西追」，則既不是對玁狁佔領筍地的直接反擊，也不是由京自出發的追擊，〔註21〕而應該是由周都出發向京師方向的追擊。所以他把這次的戰爭情況與雙方路線，理解爲與前述李、黃不同的下圖：

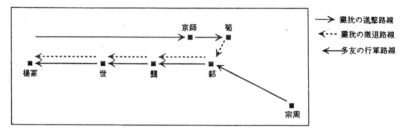

李峰的說法頗具啓發性。先說 a 組及與之相關的問題。銘文中記載多友的戰功是自「甲申之晨，搏于郱」開始的，其後在韕、世、楊冢都有所斬獲，而在此之前的京自、筍則沒有戰功的記錄，相反地，玁狁在此二地都有所俘獲，說明兩軍交鋒是始於郱。所以，a1 銘文雖然不必一定如李峰所說斷讀爲a2，但將之視爲「序幕」的說法是可信的。

在討論 b 組文句之前，有必要先對銘文「羞追于京自」的「羞追」，在意義上再多作說明。「追」，習慣地都視爲「追擊」，在第四章第四節中已經說過，銅器銘文中用於軍事行動的「追」，可以有「抵禦」的意思。鼎銘先說玁狁「廣伐京自」，然後接著說「羞追于京自」，但事實上，在京自時兩軍並沒有進行戰鬥，所以把「羞追」的「追」視爲「抵禦」的意思應是較爲合適的。（「告追于王」的「追」應該也是「抵禦」的意思）。「羞」訓爲「進」各家皆無異議，但這裏的「進」是什麼意思呢？《詩經・大雅・常武》：「進厥虎臣，闞如虓虎」，

---

〔註20〕李峰：〈多友鼎銘文をめぐる歷史地理的問題の解決〉，《中國古代文化の文字と文化》汲古書院平成 11 年（1999 年）。「實は、この二句は本事件の『序幕』てあり、本當の軍事行動の記錄ではない。」

〔註21〕「また、舊讀はこの時點では多友がすでに京師に至ったと想定しているので、この西追が京師から筍まての追擊であったと解釋している。けれども、新讀によると、これは玁狁の筍地占領への直接反擊でもないし、京師からの追擊でもない。寧ろ、これは周の都から京師方向への追擊であり。」

鄭箋：「進，前也」，孔疏：「即進而前其虎臣之將。」「進」在此有「前」（使上前）的意思，「進」的這種意思與作爲上前進獻來說的「羞」〔註22〕，兩者的意思是很相近的，所以「羞追」應是「上前抵禦」的意思。「于」在此可訓爲「往」，訓「于」爲「往」典籍多見。另外，鼎銘中「羞追」之後的地名（或區域）與玁狁所進犯者是相同的，所以「羞追于京自」應爲往京自（方向）上前抵禦，猶如現今所說往前線抵禦（敵人）。相同地，上舉〈不毀簋〉中「廣伐西俞」與「羞追于西」的關係也應這樣來理解。

其次來看 b 組及與之相關的問題。雖然鼎銘中沒有明確記錄多友是由何處出發，但試與幽王爲博褒姒一笑燃烽火台的故事相比較，如果玁狁所廣伐的「京自」指的是鎬京，那麼是否還需要「告追」（請求抵禦）就值得再考慮。退一步來說，即使當時沒有烽火台的設置，但出豐鎬地區貴族墓地密集的情況來看（參附圖一），僅在張家坡村長約 600 公尺，寬約 200 公尺的範圍內，考古學者即探明有 1500 多座的西周墓葬。在大原村長約 50 公尺，寬約 20 公尺即有西周墓葬 18 座，車馬坑　座，馬坑一座。〔註23〕這點說明，如果玁狁所入侵之「京自」是鎬京　帶的話，這些在鎬京附近的貴族恐怕是不會任由玁狁掠奪而不抵抗，這些貴族要抵抗，恐怕也不會還要經由「告追丁王」的。所以，透過對鼎銘「戎伐筍」之前關於「羞追」的銘文的討論，並配合豐鎬一帶的情形，可以知道鼎銘中的「京自」，應該是指豳（彬縣）。由豳與旬邑的地理位置來看，也可以證明這一點。筍（旬）是在豳（彬縣）東北（參附圖二），如果把多友「羞追于京自」和「多友西追」都當作實際作戰的情形，那麼兩者的位置就矛盾了。前面已經說過，兩軍正式交鋒是在「甲申之晨」，所以在此之前的「多友西追」，也還不是真正的追擊。故李峰把銘文斷讀爲 b2，將「多友西追」與「戎伐筍」視爲兩件事，是合理的。這裏的「追」，仍然是「抵禦」的意思，「西追」是指多友出發後一路向西邊的「京自」（豳）方向前進，前去抵禦玁狁的入侵。在此句之前所記「戎伐筍」之事，則應是多友尚未抵達「京自」一帶與玁狁在郱交鋒之前，玁狁「廣伐京自」的一部分。（「搏于郱」之後的「追」，則應爲「追擊」之義。）

綜上所述，〈多友鼎〉銘文中在「甲申之晨，搏于郱」之前的記載，都還

---

〔註22〕《禮記・曲禮上》：「聞子有客，使某羞。」鄭玄注：「羞，進也。」
〔註23〕 參〈長安張家坡西周井叔墓發掘簡報〉，《考古》1986 年 1 期。〈1984 年灃西大原村西周墓地發掘簡報〉，《考古》1986 年 11 期。

不是眞正的作戰記錄，而是玁狁入侵以及周王命武公，武公命多友前往抵禦的情形。其中的「京自」，指的是公劉所都的豳，在今彬縣附近。整個作戰的路線，和銘文段落的總體理解，李峰的說法是最爲合理的。

透過對鼎銘中「羞追」一辭的了解，連帶地對〈不毀簋〉中「馭（禦）方玁狁廣伐西俞（隃），王令我羞追于西」的意思也比較容易掌握。西俞、西當如王國維所說「古時凡山地之當通路者，皆名之曰隃……西俞者，在豐鎬之西，故云王命我羞追于西。」〔註24〕王氏以「西俞」、「西」爲方向的指稱，與〈多友鼎〉中「多友西追」的意思也是相近的。簋銘中的「馭」可讀爲「禦」（二者古音皆爲疑母魚部字），「禦」爲「抵禦」，「禦方」猶《逸周書‧世俘》之「禦方」，是抵禦來進犯的方國，「方」與「玁狁」是同位語，相同的句法亦見於〈虢季子白盤〉：「搏戎玁狁于洛之陽」，此句之「戎」，指的顯然就是「玁狁」。〈不毀簋〉的銘文，整句是說：（爲了）抵禦廣伐西隃的方國－玁狁，（所以）王令我往西邊前去抵禦。

以上是就較有爭議的銘文所進行的討論，以下將文獻與銅器銘文及考古發掘材料配合起來，對玁狁入侵的區域問題進行了解。在上舉銅器銘文和文獻中所提到的地名有：

| a | 京自 | 彬縣 | 多友鼎 |
|---|---|---|---|
| b | 筍 | 旬邑 | 多友鼎 |
| c | 郗 | 旬邑附近 | 多友鼎 |
| d | 龔 | 甘肅涇川附近 | 多友鼎 |
| e | 世 | | 多友鼎 |
| f | 楊冢 | | 多友鼎 |
| g | 畧 | | 不毀簋 |
| h | 高陶 | | 不毀簋 |
| i | 洛之陽 | | 虢季子白盤 |
| j | 罶麠 | | 兮甲盤 |
| k | 焦穫 | 扶風附近 | 六月 |
| l | 鎬 | | 六月 |
| m | 方 | | 六月 |
| n | 涇陽 | 寧夏涇源（？） | 六月 |
| o | 大原 | 甘肅平涼（？） | 六月 |

〔註24〕 《海寧王靜安先生遺書‧不毀敦蓋銘考釋》。

上述地名中的世、楊冢、鄐、高陶、畺虘等地已無法詳考。邾，僅知當在陝西旬邑附近。焦穫在玁狁入侵之地的討論中，應先加以排除。焦穫，文獻或作焦護，《爾雅・釋地》：「周有焦護。」郭璞注：「今扶風池陽縣瓠中是也。」邢昺疏引孫炎云：「《詩・六月》云『玁狁匪茹，整居焦穫』是也。」但焦穫並不是眞正玁狁已入侵之地。因爲扶風附近乃周原之所在，若玁狁已入侵至此，周人的軍隊是不可能還好整以暇地「于三十里」、「元戎十乘，以先啓行」。疑《詩》中之所以特別舉出焦穫，可能是因爲焦穫爲「十藪」的緣故。《爾雅・釋地》將「魯有大野……周有焦護」總稱爲「十藪」，邢昺疏：「《說文》云『大澤也』，《風俗通》云『藪，原也』，有草木魚鱉所以厚養人也。」

涇陽，今近於西安的涇水之北有涇陽，毛傳、鄭箋、孔疏等皆謂涇陽近於豐鎬，其所說之涇陽當即在此附近。但後代之學者對此多有懷疑，如顧祖禹《讀史方輿紀要・卷五十八・平涼府・涇陽城》：

> 在府西南，周宣王時獫狁內侵至於涇陽，謂此地也。漢置縣屬安定郡。〔註25〕

袁梅《詩經譯注》亦云

> 涇水以北之地，在甘肅省平涼以西有漢置涇陽故城，疑即此地。〔註26〕

韓小忙據考古材料認爲，漢時所置之涇陽可能在今寧夏涇源附近。〔註27〕按，《詩》中所稱的涇陽很可能即漢時所置之涇陽，但漢時之涇陽是在今之平涼抑或是涇源則仍有待近一步證實，而《詩》中所云「侵鎬及方，至于涇陽」的「涇陽」，不會是今所見近於西安的涇陽，則是可以肯定的。因爲據《詩》中所云：「于三十里」，鄭箋：「王既成我戎服將遣之，戒之曰：日行三十里，可以舍息。」如果玁狁軍隊已達於今所見近於豐鎬之涇陽，則已是迫在眉睫，救之尚且不及，又何暇「舍息」。鎬、方在這裏也都不是玁狁入侵之地，李仲操云：「詩注『匪茹』是不自度量的意思，系指玁狁不自度量，竟想『侵鎬及方』，而不能把鎬、方當作已被玁狁侵占的地方，視爲玁狁的出入地。」〔註28〕這是十分正確的。

---

〔註25〕顧祖禹：《讀史方輿紀要》p407，上海書店出版社1998年。
〔註26〕袁梅：《詩經譯注》下p61，齊魯書社1987年1版。
〔註27〕韓小忙：〈玁狁與戎考論〉，《漢學研究》14卷2期，1996年。
〔註28〕李仲操：〈也釋多友鼎銘文〉，《人文雜志》1982年6期。

大原，舊或謂即今山西之太原，〔註 29〕或謂漢時之五原〔註 30〕（在今內蒙古包頭附近）。顧炎武則認為太原在今甘肅平涼一帶，《日知錄》云：

> 求太原當先求涇陽所在，而後太原可得而明也，《漢書地理志》安定郡有涇陽縣，開頭山在西，禹貢涇水所出，《後漢書‧靈帝紀》段熲破先零羌於涇陽，《注》涇陽縣屬安定，在原州。《郡縣志》原州平涼縣，本漢涇陽縣地，今縣西四十里，涇陽故城是也，然則大原當即今之平涼，而後魏立為原州，亦是取古大原之名爾。〔註 31〕

以大（太）原在豐鎬西北一帶的說法，由〈多友鼎〉銘文中玁狁入侵之地和多友追擊退卻的玁狁都在豐鎬西北一帶，以及〈出車〉中將玁狁稱為「西戎」，顧炎武的說法應是較符合西周時的情況。〔註 32〕另外，〈出車〉中有「往城于方」、「城彼朔方」，《毛傳》：「方、朔方，近玁狁之國也。」「朔方，北方也。」兩處的解釋有些矛盾，但既確定玁狁是在豐鎬的西北一帶，朔方就不會是漢武帝在山西（豐鎬東北）所置的「朔方郡」，故應以「朔方」為「北方」。〈六月〉或單稱「方」（「侵鎬及方」），可能是用韻的關係所造成的省稱，也可能是如甲骨文中將某方省稱為「方」的情形相類似。

　　總結以上可考知的地名來看，玁狁入侵的路線和周人追擊的路線大致是在涇河河谷一帶地方，而玁狁亦偶有從洛水南侵者，如〈虢季子白盤〉。王國維云：「察玁狁之寇周也，及涇水以北，而周之伐玁狁也，在洛水之陽，則玁狁出入，當在涇洛之間。」〔註 33〕這個說法由〈多友鼎〉亦得以證實其說之可信。

　　復由銅器文化的角度對北方民族進行觀察，豐鎬西北的甘肅、寧夏一帶的銅器文化，與山西以北內蒙古一帶還是有所區別的。甘肅、寧夏一帶是屬「北方系青銅器」的範圍，〔註 34〕雖然至目前為止，對西周時期在此區域活

---

〔註 29〕　朱熹：《詩集傳》卷五 p78，世界書局 1981 年 5 版（《書集傳》合刊本）

〔註 30〕　五原之說本於《史記‧匈奴列傳》：「於是漢遂取河南地，築朔方……是歲，漢之元朔二年也。」《漢書‧武帝紀》：「（元朔二年）收河南地，置朔方、五原郡。」〈地理志〉中五原屬五原郡。參蒙文通：《周秦少數民族研究》，龍門聯合書局1958 年。然《詩》中之「朔方」為北方，與漢代作地名用之「朔方」不同。

〔註 31〕　顧炎武：《日知錄》卷之三 p15，台灣商務印書館 1956 年台初版。

〔註 32〕　關於大（太）原在山西晉國境內和在漢時之五原的說法皆不可信，劉翔已辯之極詳，說見：〈多友鼎銘兩議〉，《人文雜志》1983 年 1 期。又，李學勤在〈論多友鼎的時代及意義〉一文中，則用朱右曾：《詩地理徵》的說法，認為大原是在寧夏固原一帶。

〔註 33〕　《海寧王靜安先生遺書‧不娙敦蓋銘考釋》。

〔註 34〕　《中國青銅器全集‧北方民族》：「在中國北方，從西遼河流域經燕山南北、

動的少數民族的考古文化所知有限﹝註35﹞，但隨著此區域考古材料的日漸豐富，考古學者由東周時期的墓葬形制、隨葬器物等，認為此區域文化的發展有其自己的特性和淵源，與內蒙古一帶的考古文化是有所不同的：

> 它獨特的葬俗與隨葬品，如頭低足高的土洞墓、大型青銅車具、制作精細的骨質車馬器，均罕見于典型的匈奴文化遺存。所以，楊郎墓地雖屬于北方系青銅文化，但不能等同于匈奴文化，而應是北方系青銅文化中另有淵源的土著文化。﹝註36﹞

> 于家莊墓地，雖然程度不同地和隴山以東的姜戎文化、鄂爾多斯地區的匈奴文化和燕山周圍地區的山戎文化有相近的地方，但都同樣存在著較大的差異。于家莊墓地的遺存，從目前已發現的材料看，它只存在于隴山周圍地區，有著明顯的地域特點。應該是一支自成系統，具有鮮明地方特色的少數民族青銅文化。﹝註37﹞

考古學者也對內蒙古一帶的青銅文化與此區域的青銅文化範圍作了界定，前者的範圍大致在：

> 西界在狼山、烏蘭布和沙漠、賀蘭山、騰格里沙漠一線；北界在陰山南麓；東界在呂梁山、桓山西側，南界在毛烏素沙漠南緣。中心區位于陰山以南、毛烏素沙漠以北的黃河帶狀平原地帶。﹝註38﹞

而甘肅、寧夏一帶類型的青銅文化分佈則在：

> 陰山、賀蘭山至隴山這一弧形狹長地域（包括內蒙古東南部、河北北部、山西北部、內蒙古中南部、陝西北部至甘肅、青海一帶），其地理環境正處于從半濕潤區向乾旱區過渡的半乾旱地區……近幾十年的考古發現表明，當我國中原地區進入青銅文明之時，因受中原青銅鑄造技術的影響，這裏也創造了適宜其經濟活動和生活習慣的青銅文化，即北方民族青銅文化……這類以各種動物紋為裝飾題材的青銅器，沿用時間很長，分布範圍廣泛，但大體集中于中國北方的燕山南北、內蒙古中南部和山西、陝西、河北北部的長城地帶，因此可統稱之為『北方系青銅器』。」

﹝註35﹞〈寧夏彭家堡于家莊墓地〉：「西戎是有著千餘年歷史的強大民族，在西周晚期以後便形成強大的政治、軍事力量，並先後與周、秦相抗衡。對這樣一個在中國歷史上有過重大影響的少數民族，考古學研究中至今仍是一個未曾涉及的領域。」《考古學報》1995年1期。又，至今為止在甘肅、寧夏一帶所發現的北方系青銅器雖有與商周器同出一墓者，但目前所見西戎墓葬，則仍未有早至西周者。

﹝註36﹞〈寧夏固原楊郎青銅文化墓地〉，《考古學報》1993年1期。

﹝註37﹞〈寧夏彭堡于家莊墓地〉，《考古學報》1995年1期。

﹝註38﹞許成、李進增：〈東周時期的戎狄青銅文化〉，《考古學報》1993年1期。

北界毛烏素沙漠，西抵祁連山麓，南達渭河流域，東接洛河流域，
中心區位于葫蘆河、清水河、涇河上游，即黃土高原的山地丘陵區。」
〔註39〕

考古學家所界定在甘肅、寧夏一帶的北方系青銅文化，與上文所說位在豐鎬西北的玁狁，其位置是相符合的。韓小忙亦云：「西周晚期銅器銘文所載玁狁這種強大的車戰能力，在戎文化墓葬中見到了較為明顯的同類遺物，儘管它們之間在時間上還有差距，但是，這種巧合絕非偶然，必然具有內在的聯繫。」
〔註40〕

綜上所述，〈多友鼎〉銘文中的「京自」應為陝西境內公劉所都的豳，經由這一點的確立，並透過「羞追」一辭含義的探索，可知李峰所提出的作戰路線較舊說合理可信的。復經由對文獻和銘文中所記載的相關地名的考定，過去被認為是玁狁入侵地之一的焦穫，這個看法也應當修正。同時，經由相關地名的考定可以知道，玁狁入侵、周人追擊的路線，主要在涇河流域和涇洛之間，由此所建構出玁狁位置應在豐鎬西北的甘肅、寧夏一帶延及陝北的結論，與考古學家經由考古文化的差異所得出的看法：這一帶是與內蒙古的北方式青銅文化不同的西戎文化區域，兩相對照，玁狁應該是與甘肅、寧夏、陝北一帶使用北方系青銅器的民族有密切關係的少數民族。最後必需說明的是，本節中僅是針對文獻和銅器銘文中提及「玁狁」的相關材料進行討論。玁狁又可被稱之為西戎，而同在豐鎬西北一帶且常被提及的少數民族尚有犬戎，其與周人的關係如何？又犬戎是否與玁狁為同一部族？這些問題將在下一節中進一步討論。

附表　西周金文所見王在周、宗周所格之宮（廟）（數字表《集成》編號）

| | 宗　周 | 周 |
|---|---|---|
| 大廟 | 趩簋 4266、同簋 4270～4271 | 免簋 4626、三年師兌簋 4318～4319 |
| 廟 | | 無重鼎 2814、吳方彝 9898 |
| 穆廟 | 大克鼎 2836 | |
| 穆王大室 | | 曶鼎 2838 |

〔註39〕許成、李進增：〈東周時期的戎狄青銅文化〉，《考古學報》1993 年 1 期。
〔註40〕韓小忙：〈玁狁與戎考論〉，《漢學研究》14 卷 2 期，1996 年。

| | | |
|---|---|---|
| 康穆宮 | | 袁盤 10172、克盨 4465 |
| 康宮 | | 輔師嫠簋 4286、休盤 10170、伊簋 4287、申簋 4267、揚簋 4294～4295 |
| 康廟 | | 元年師兌簋 4274～4275 |
| 康寢 | | 師遽方彝 9897 |
| 康邵宮 | | 趞鼎 2815、頌鼎 2827～2829（同銘之簋見於 4332～4339） |
| 邵宮 | | 鄀簋 4296～4297 |
| 康宮新宮 | | 望簋 4272 |
| 新宮 | | 師遽簋 4214、師湯父鼎 2780、十五年趞曹鼎 2784、虎簋蓋〔註41〕 |
| 康宮𢼸宮（𢼸大室） | | 此鼎 2821～2823（同銘之簋見於 4303～4310）、𩰏比鼎 2818（同銘之簋見於 4278）、吳虎鼎〔註42〕 |
| 康宮剌宮 | | 克鐘 204～208 |
| 大師宮 | 善鼎 2820 | |
| 師量宮 | | 大師膚簋 4251～4252 |
| 師汓父宮 | | 牧簋 4343 |
| 師彔宮 | | 師𦀚簋 4277、四年𤼈盨 4462～4463、諫簋 4285、師晨鼎 2817、宰獸簋〔註43〕 |
| 般宮 | | 七年趞曹鼎 2783 |
| 駒宮 | | 九年衛鼎 2831 |
| 嗣馬宮 | | 師𧽤簋 4283～4284 |
| 圖室 | | 膳夫山鼎 2825 |

〔註41〕〈虎簋蓋〉著錄於王翰章、陳良和、李保林：〈虎簋蓋銘文簡釋〉，《考古與文物》1997 年 3 期。

〔註42〕〈吳虎鼎〉著錄於穆曉軍：〈陝西長安縣出土西周吳虎鼎〉，《考古與文物》1998 年 3 期。

〔註43〕〈宰獸簋〉著錄於羅西章：〈宰獸簋銘考略〉，《文物》1998 年 8 期。

丰东：1.北丰镐村
2.南丰镐村
3.孟家寨
4.洛水村
5.下泉北村
6.上泉北村
7.白家庄
8.普渡村
9.花园村
10.石爷庙
11.石婆庙
12.常家庄
13.马营
14.太平庄
15.张村
16.石匣口
17.万村

丰西：1.客省庄
2.马王村
3.张家坡
4.大原村
5.曹寨
6.西王村
7.冯村
8.石榴村
9.萱村
10.海子
11.路伏庄
12.关道村

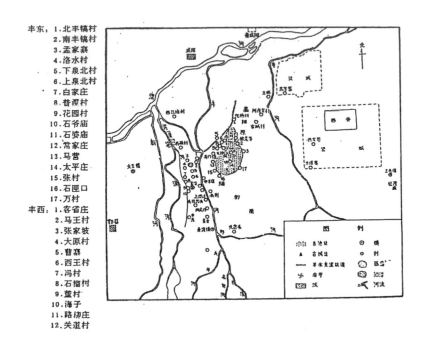

**附圖一・1　豐鎬地區位置圖**

摘自《商周考古》p148，文物出版社 1979 年

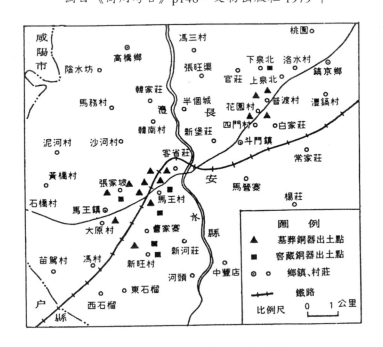

**附圖一・2　豐鎬遺址分布圖**

摘自《中國青銅器全集》西周 1，文物出版社 1996 年 7 月

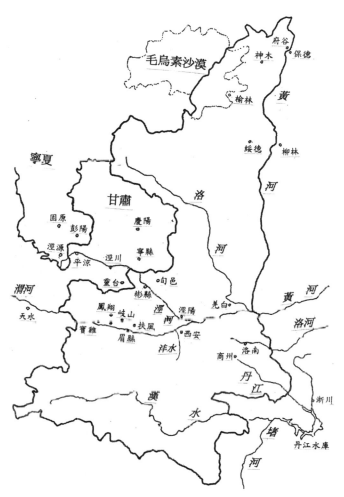

附圖二　陝西、甘肅、寧夏境內相關地理位置圖

# 第二節　西周與犬戎

西周時位於酆鎬西北一帶與周為敵的外族，除了上節所討論的「玁狁」之外，見於文獻者尚有犬戎、鬼方、葷粥其它諸戎等。歷來對玁狁與犬戎、鬼方、葷粥的關係，眾說紛紜，本節中試先對此四者之關係加以疏理，然後對西周與犬戎的關係進行了解。

## 一、玁狁、犬戎、鬼方、葷粥四者的關係

文獻所載犬戎之事以《後漢書·西羌傳》和《漢書·匈奴傳》最為詳盡，

為方便討論，抄錄如下。

1. 《後漢書·西羌傳》：「王政脩則賓服，德教失則寇亂。昔夏后氏太康失國，四夷背叛，及后相即位，乃征畎夷。〔註44〕七年然後來賓。至於后泄，始加爵命，由是服從。〔註45〕后桀之亂，畎夷入居邠、岐之間。成湯既興，伐而攘之。及殷室中衰，諸侯皆叛。至於武丁征西羌鬼方，三年乃克。故其詩曰『自彼氐羌，莫敢不來王』。〔註46〕及武乙暴虐，犬戎寇邊。周古公踰梁山而避于岐下，及子季歷遂伐西落鬼戎。〔註47〕太丁之時，季歷復伐燕京之戎，戎人大敗周師。〔註48〕後二年周人克余無之戎，於是太丁命季歷為牧師，〔註49〕自是之後，更伐始呼、翳徒之戎，皆克之。〔註50〕及文王為西伯，西有昆夷之患，北有獫狁之難，遂攘戎狄而戍之，莫不賓服。乃率西戎征殷之叛國以事紂。及武王伐商，羌、髳率師會于牧野。至穆王時，戎狄不貢，不乃西征犬戎，獲其五王，又得四白鹿、四白狼。王遂遷戎于太原。〔註51〕夷王衰弱，荒服不朝，乃命虢公率六師伐

---

〔註44〕 此事為古本《竹書紀年》所載，參朱右曾輯錄、王國維校補：《古本竹書紀年輯校》頁3，世界書局1977年再版。（以下簡稱《輯校》）

〔註45〕 《輯校》作「后泄二十一年，命畎夷、白夷、赤夷、玄夷、風夷、陽夷。」並云「《通鑑外紀·二》引帝泄二十一年加畎夷等爵命。《路史後紀·十三》注引下有『繇是服從』四字。」

〔註46〕 武丁伐鬼方之事亦見於《易經·既濟·九三爻辭》：「高宗伐鬼方，三年克之，小人勿用。」〈未濟·九四爻辭〉：「震用伐鬼方，三年有賞于大國。」又，今本《竹書紀年》云「（武丁三十二年）伐鬼方，次於荊」，三十四年「王師克鬼方，氐羌來賓。」對於後二事，歷來學者多不信其言，如顧頡剛引魏源《詩古微》：「高宗無伐荊楚事，其克鬼方，乃西戎，非南蠻」。又云「這是它混合了《周易》的『三年克之』和〈商頌·殷武〉的『撻彼殷武，奮伐荊楚……自彼氐姜，莫敢不來享』的話而杜撰的。」此說可從。顧說見：〈周易卦爻辭中的故事〉，《古史辨》第三冊。

〔註47〕 《輯校》作「（武乙）三十五年，周王季伐西落鬼戎，俘二十翟王。」

〔註48〕 《輯校》作「大丁二年，周人伐燕京之戎，周師大敗。」

〔註49〕 《輯校》作「（大丁）四年，周人伐余無之戎，克之，周王季命為殷牧師。」

〔註50〕 《輯校》作「（大丁）七年，周人伐始呼之戎，克之。」「（大丁）十一年，周人伐翳徒之戎，捷其三大夫。」

〔註51〕 《國語·周語》：「穆王將征犬戎，祭公謀父諫曰：『不可……今自大畢、伯士之終也，犬戎氏以其職來王，天子曰：『予必以不享征之』，且觀之兵，其無乃廢先王之訓，而王幾頓乎，吾聞夫犬戎樹，惇帥舊德而守終純固，其有以禦我矣。王不聽，遂征之，得四白狼、四白鹿以歸，自是荒服不至。」此為《史記·周本紀》所採入。唯「樹惇」，〈周本紀〉作「樹敦」，韋昭注：「樹，立也，言

太原至于俞泉，獲馬千匹。〔註52〕厲王無道，戎狄寇掠，乃入犬丘，
殺秦仲之族，〔註53〕王命伐戎，不克。及宣王立四年，使秦仲伐戎，
爲戎所殺，王乃召秦仲子莊公，與兵七千人，伐戎，破之，由是少
卻。〔註54〕後二十七年，王遣兵伐太原戎，不克。〔註55〕後五年，
王伐條戎、奔戎，王師敗績。〔註56〕後二年，晉人敗北戎于汾、隰，
戎人滅姜侯之邑。〔註57〕明年，王征申戎，破之。〔註58〕後十年，
幽王命伯士伐六濟之戎，軍敗，伯士死焉。〔註59〕其年戎圍犬丘，
虜秦襄公之兄、伯父。〔註60〕時幽王昏虐，四夷交侵，遂廢申后而
立褒姒，申侯怒，與戎寇周，殺幽王於驪山，周乃東遷洛邑。〔註61〕
秦襄公攻戎救周。後二年邢侯大破北戎，及平王東遷之末，周遂陵
遲，戎逼諸夏，自隴山以東及乎伊洛，往往有戎。」

2. 《漢書·匈奴傳》：「匈奴，其先夏后氏之苗裔，曰淳維。唐虞以上有
　　山戎、獫允、薰粥居于北邊，隨草畜牧而轉移……夏道衰，而公劉

---

犬戎立性惇樸。」瀧川氏《考證》認爲「樹敦」猶前文之「大畢」、「伯士」，
爲犬戎君主之名。王引之《經義述聞》卷二十云：「惇字當屬下讀，犬戎樹者，
先國而後名……《爾雅》曰：『敦，勉也。』言勉循舊德也。〈晉語〉曰：『知
籍偃之惇帥舊職而恭給也。』是其證。」王說較長，今從其說斷句。

〔註52〕亦見於古本《竹書紀年》。

〔註53〕此事《史記·秦本紀》作「周厲王無道，諸侯或叛之。西戎反王室，滅犬丘、
　　　　大駱之族。」

〔註54〕《史記·秦本紀》作「宣王即位，乃以秦仲爲大夫，誅西戎。西戎殺秦仲，
　　　　秦二十三年死於戎，有子五人，其長者曰莊公。周宣王召莊公昆弟五人，
　　　　與兵七千人，使伐西戎，破之。於是復予秦仲後及其先大駱地犬丘，并有之，
　　　　爲西垂大夫。」

〔註55〕亦見於古本《竹書紀年》。

〔註56〕亦見於古本《竹書紀年》。《史記·晉世家》：「(穆侯) 七年，伐條。」《左傳·
　　　　桓公二年》：「初，晉穆侯之夫人姜氏以條之役生大子，命之曰仇。其弟以千
　　　　畝之戰生，命之曰成師。」杜預注：「條，晉地。」楊伯峻注：「條爲條戎，(今
　　　　本)《竹書紀年》云：『王師及晉穆侯伐條戎，奔戎，王師敗逋。』……山西
　　　　省廢安邑縣治，今安邑縣鎮北三十里有鳴條崗，當即古條戎地。」

〔註57〕亦見於古本《竹書紀年》。

〔註58〕亦見於古本《竹書紀年》。

〔註59〕亦見於古本《竹書紀年》。

〔註60〕《史記·秦本紀》：「襄公二年，戎圍犬丘 (世父)，世父擊之，爲戎人所虜，
　　　　歲餘，復歸世父。」瀧川氏《考證》引梁玉繩：「世父二字衍。」

〔註61〕《史記·周本紀》：「申侯怒，與繒、西夷、(？) 犬戎攻幽王。」三家註本將
　　　　「西夷犬戎」連讀，《史記會注考證》則分讀。

失其稷官，變于西戎，邑于豳。其後三百有餘歲，戎狄攻太王亶父，亶父亡走于岐下，豳人悉從亶父而邑焉，作周。其後百有餘歲，周西伯昌伐畎夷。〔註62〕後十有餘年，武王伐紂而營雒邑，復居于酆鎬，放逐戎夷涇、洛之北，以時入貢，名曰荒服。其後二百有餘年，周道衰，而周穆王伐畎夷，得四白狼、四白鹿以歸。自是之後，荒服不至。於是作呂刑之辟，至穆王之孫懿王時，王室遂衰，戎狄交侵，暴虐中國。中國被其苦，詩人始作，疾而歌之，曰：『靡室靡家，玁狁之故』、『豈不日戒，玁允孔棘。』至懿王曾孫宣王，興師命將以征伐之，詩人美大其功，曰：『薄伐玁狁，至於太原』『出車彭彭』、『城彼朔方』。是時四夷賓服，稱爲中興。至于幽王，用寵姬褒姒之故，與申〔侯〕有隙。申侯怒而與畎戎共攻殺幽王于麗山之下，遂取周之地鹵獲，而居木汧渭之間，〔註63〕侵暴中國。」〔註64〕

另外有一些零星的記載是與犬戎有關的，如：

3. 《史記‧周本紀》：「（文王）明年，伐犬戎。」

4. 《左傳‧閔公二年》：「虢公敗犬戎于渭汭。」

5. 《漢書‧匈奴傳》：「而秦穆公得由余，西戎八國服於秦。故隴以西有緜諸、畎戎、狄獂之戎，在岐、梁、涇、漆之北有義渠、大荔、烏氏、朐衍之戎。」（《史記‧匈奴列傳》「畎戎」作「緄戎」）

6. 《穆天子傳》：「乙酉，天子北升于□，天子北征于犬戎，犬戎□胡觴天子于當水之陽。」

與鬼方有關的記載則有：

7. 《易經‧既濟‧九四爻辭》：「（殷）高宗伐鬼方，三年克之，小人勿用。」

8. 《易經‧未濟‧九三爻辭》：「震用伐鬼方，三年有賞于大國。」

9. 《詩經‧大雅‧蕩》：「內奰于中國，覃及鬼方。」

10. 古本《竹書紀年》：「及子季歷遂伐西落鬼戎。」（爲《後漢書‧西羌

---

〔註62〕 《史記‧匈奴列傳》作「周西伯昌伐畎夷氏。」又，《左傳‧襄公卅一年》《正義》引《尚書大傳》（文王）「四年伐畎夷。」

〔註63〕 《史記‧匈奴列傳》：「申侯怒，而與犬戎共攻殺周幽王于驪山之下，遂取周之焦穫，而居于涇、渭之間。」焦穫亦見於《詩‧六月》，《漢書》之「鹵獲」當爲「焦穫」之訛。

〔註64〕 《漢書》此段文字與《史記‧匈奴列傳》大致相同，唯增《詩》句。

傳》所採入）

11.〈小盂鼎〉：佳八月既望辰在甲申，昧喪（爽），三廾（左）三右多君
　　入，服酒。明，王各（格）周廟（廟），䞋王，邦賓。迨邦賓尊其旅
　　服，東鄉（向）。盂以多旂佩畎方□□□入南門，告曰：「王令盂以
　　□□伐畎方□□□□□執𫚇（酋）二（？三？）人，隻（獲）聝（馘）
　　四千八百又十二聝（馘），孚（俘）人萬三千八十一人，孚（俘）馬
　　□□匹，孚（俘）車廾兩（輛），孚（俘）牛三百五十五牛，羊廾八
　　羊。」盂或告曰：「□□□□乎（呼）蔑，我征，執𫚇（酋）一人，
　　孚（俘）聝（馘）二百廾七聝（馘），孚（俘）人□□人，孚（俘）
　　馬百四匹，孚（俘）車百□兩（輛）。」王□曰：「嘉（？）」。盂拜
　　𩒾首，以𫚇（酋）進，即大廷。王令榮□𫚇（酋）。□□□𫚇（酋）
　　𥅆氒（厥）故，□·「趞白（伯）□□畎𦦗（＝？）盧以親新（覯）
　　□從。」咸，折𫚇（酋）十□□□□□□以人聝（馘）入門，獻
　　（？）西旅，以□入，燎周廟。□□□□□□□□入二門，即立
　　（位）中廷，北卿（向）。盂告。劓白（伯）即立（位），劓□□□
　　□□于明白（伯）、𩰚（？）白（伯），□白（伯）告，咸……[註65]
　　（《集成》2839）

12.〈梁伯戈〉：抑敓方蠻□□□梁白（伯）乍宮行元用（《集成》11346）
另外，文獻中與周人有關在西北一帶的外族尚有混夷、昆夷、獯鬻

13.《詩經‧大雅‧緜》：「肆不殄厥慍，亦不隕厥問。柞棫拔矣，行道兌
　　矣。混夷駾矣，維其喙矣。」

14.《孟子‧梁惠王下》：「齊宣王問曰：『交鄰國有道乎？』孟子對曰：『有，
　　惟仁者爲能以大事小，是故湯事葛、文王事昆夷。惟智者爲能以小
　　事大，故太王事獯鬻，勾踐事吳。』」

15.《後漢書‧西羌傳》：「及文王爲西伯，西有昆夷之患，北有獫狁之難。」
　　（《詩‧采薇》序並同）[註66]

---

［註65］釋文參照李學勤：〈小盂鼎與西周制度〉，《歷史研究》1987 年 5 期、陳夢家：
　　　〈西周銅器斷代〉（四），《考古學報》1956 年 2 期。馬承源：《商周青銅器銘
　　　文選》Ⅲ。
［註66］《逸周書‧序》作「文王立，西距昆夷，北備獫狁。」

16.《漢書‧匈奴傳》：「唐虞以上有山戎、獫允、薰粥居于北邊。」（《史記‧匈奴列傳》作「葷粥」）

17.《史記‧五帝本紀》：「（黃帝）東至于海，登丸山，及岱宗。西至于空桐，登雞頭。南至于江、登熊、湘。北逐葷粥，合符釜山，而邑于涿鹿之阿。」

18.《史記‧三王世家》：「維六年四月乙巳，皇帝使御史大夫湯廟立子旦爲燕王。曰：於戲，小子旦，受茲玄社，朕承祖考，維稽古，建爾國家，封于北土，世爲漢藩輔。於戲，葷粥氏虐老獸心，侵犯寇盜，加以姦巧邊萌。於戲，朕命將率徂征厥罪，萬夫長，千夫長，三十有二君皆來，降期奔師，葷粥徙域，北州以綏。」

19.《史記‧周本紀》：「子古公亶父立。古公亶父復脩后稷、公劉之業，積德行義，國人皆戴之。薰育戎狄攻之，欲得財物，予之。已復攻，欲得地與民，民皆怒，欲戰。古公曰：『有民立君，將以利之，今戎狄所爲攻戰，以吾地與民之在我，與其在彼何異，民欲我故戰，殺人父子而君之，予不忍爲。』……」

上舉之外族名稱主要有犬戎、鬼方、獯鬻、混戎、昆戎、玁狁等，而彼此的關係如何，歷來說法頗爲分歧，試疏理如下。

## A. 混戎、昆戎、犬戎

歷來皆認爲 13 中的混夷即昆夷，如《說文‧十上馬部》：「駾，馬行疾來貌，从馬兌聲。《詩》曰：『昆夷駾矣』。」而上舉 5 之「畎戎」，《史記》作「緄戎」，王國維即云：

> 畎音工犬反，昆、混、緄并工本反，四字聲皆相近（禮記衰亦作卷，是工本、工犬二音相通之證）。〔註67〕

由於昆、犬音近，而《說文‧二上口部》又有

> 吅，東夷謂息爲吅，从口吅聲。《詩》曰：「犬夷吅矣」。〔註68〕

---

〔註67〕 王國維：〈鬼方昆夷玁狁考〉，《觀堂集林》。以下引王國維之說，除有特別說明外，皆見於此文。

〔註68〕 「吅」可能並不是「駾」的假借，《說文》段注：「〈大雅〉『混夷駾矣，維其喙矣』，合二句爲一句，與日部引『東方昌矣』相似，混作犬，喙作吅，蓋亦用三家詩，馬部引『昆夷駾矣』，則毛詩也。毛云：『喙，困也。』《方言》：『餀、喙、吅，息也。』按，人之安寧與困極，皆驗諸息，故假樂綿之吅，不嫌異

故歷來都把昆戎等同於犬戎。這點由出土材料與文獻的對比中，尚可得知更細微的資訊。甲骨文中亦有作爲方國之「犬」，如：

己酉卜貞：雀往延（圍）犬，弗其禽，𢀖十月。（合 6979）

己卯卜㕚貞：令多子族比犬侯𧰨周山王事五月。（續 5.2.2，合 6812 正）

令犬方（後下 6.11）

楊樹達、陳夢家等皆認爲甲骨文中的「犬」、「犬侯」、「犬方」，即上舉文獻中的昆夷，陳氏並云：

《左傳‧僖公十六年》：「狄侵晉⋯⋯涉汾及昆都」，今臨汾縣南有昆都聚，可能是昆夷都。〔註69〕

陳、楊二氏以甲骨文中的「犬」爲昆夷，「犬」在晉南的說法普遍爲學界所接受。然上舉之 15 云，文王時「西有昆夷之患」，說明位於晉南一帶的「犬」與位於文王之西的昆夷（犬戎）應是有所不同的。文王曾居於岐，後遷於豐，文王所居之岐，其具體所在，學界說法不一：主張周人源於陝西的學者以「岐」爲「岐山」，其南爲周原（此爲傳統之說法）；而主張周人源於山西而後入陝西的學者，則認爲「岐」在涇、渭之間，非扶風一帶岐山周原。〔註70〕且不論周人是源於山西還是陝西，兩種說法皆以文王所居之「岐」、「豐」在陝西境內則是很明確的，而據 15 所云，文王時昆夷在周之西，則昆夷所在位置與晉南之說方位不合。且據 4、5 所云，在春秋時陝西境內至隴山一帶皆爲畎戎、犬戎、緄戎的分佈地區，這時所見的「戎」，與 1 所云「戎逼諸夏，自隴山以東及乎伊洛，往往有戎」的情形大致是吻合的。《漢書‧公孫劉田王楊蔡陳鄭傳》亦云：「安定山谷之間，昆戎舊壤。」據《漢書‧地理志》，安定在天水、隴西一帶，今甘肅涇川縣北涇河北岸。雖然今人多不從詩序以〈采薇〉爲文王時詩的說法，但西周時的犬戎在周人之西應該是不錯的。所以，儘管昆、犬聲韻可通，文獻中昆戎、犬戎又可互作，但自西周至於春秋，在陝西以西有犬戎（或昆戎）是很明確的，故位於晉南一帶的犬侯，與在周人之西的犬

---

義，同俦喙與吅，不嫌異字同義。」

〔註69〕 陳夢家：《殷虛卜辭綜述》p294，中華書局 1992 年 2 刷。楊樹達：〈釋犬方〉，《積微居甲文說》p42，大通書局 1974 年《金文說》合刊本。

〔註70〕 參錢穆：〈周初地理考〉，《燕京學報》10 期 1931 年，復收於《古史地理論叢》，東大圖書 1982 年。

戎（昆戎），二者應該不是同一回事。至於《詩經・大雅・皇矣》中的「串夷
載路」，鄭箋云：「串夷即混夷，西戎國名也。路，應也。天意去殷之惡，就
周之德，文王則侵伐混夷以應之。」此事當即上舉之 3，也就是說，文王所伐
的串夷（混夷），應該也是在周人以西的犬戎。總之，文獻中犬戎雖又可作「混
夷」、「昆夷」、「昆戎」、「串夷」、「畎戎」，但犬戎、昆犬、串夷與位於晉南的
犬侯，應該是有所不同的。

　　至於犬戎的方位，前面已經說過，周人之西有犬戎，而上舉之 6 則云「天
子北征于犬戎」，郭璞注認爲即《國語・周語》所記穆王征犬戎之事。對此，
近之學者多不從此說，如顧實云：

　　　　北征者，猶北行也，非奉辭伐罪曰征也。《國語》、《紀年》所載者，
　　　　當別爲一事。郭注并爲一談，由未深考故也。〔註71〕

顧頡剛云：

　　　　《國語》說：「穆王將征犬戎」，征是征伐，這裏說的「北征犬戎」，
　　　　乃是征行的意義，否則犬戎決不會立即杯酒聯歡的。〔註72〕

按，學者以《穆天子傳》「北征于犬戎」之「征」非征伐之「征」，是可信的。
周法高即指出

　　　　在金文中，「征伐」的「征」字後加賓語時從不用「于」字做介詞。

　　　〔註73〕

而以「征」爲「行」之義時，其後可有訓爲「往」的「徂」字，如《詩經・
小雅・小明》：「我征徂西，至于艽野」，鄭箋：「征，行。」「于」訓爲「往」，
古書多見，兩相比較之下，可知《穆天子傳》所述者，爲穆王出行往北至犬
戎。這裏地處北方的犬戎在何處呢？由《穆天子傳》的上下文來看（數字表
干支序列）

---

〔註71〕 顧實：《穆天子傳西征講疏》p9，商務印書館 1945 年。
〔註72〕 顧頡剛：〈穆天子傳及其著作時代〉，《文史哲》1 卷 2 期，1951 年。
〔註73〕 周法高：〈師旂鼎考釋〉，《金文零釋》p42，台聯國風出版社 1972 年重刊本。
　　　　又，〈師旂鼎〉：「師旂眾僕不從王征于方雷」，此句中的「征」字，也可能並
　　　　不是「征伐」的「征」，而當訓爲「行」。「方雷」則可能是類於丘商、丘雷，
　　　　是大名冠小名的構詞形式。「大名冠小名」之說，見於邢公畹：〈漢台語構詞
　　　　法的一個比較研究——大名冠小名〉，《國文月刊》77 期 1949 年，復收於《中
　　　　國語文研究參考資料選輯》1955 年，及裘錫圭：〈談談古文字資料對古漢語研
　　　　究的重要性〉，《中國語文》1979 年 6 期，復收於《古代文史研究新探》，江蘇
　　　　古籍出版社 1992 年，及《裘錫圭自選集》，河南教育出版社 1994 年。

> 癸未（20），雨雪，天子獵于鈃山之西阿，于是得絕鈃山之隧，北循虖沱之陽。乙酉（22）天子北升于□，天子北征于犬戎。犬戎□胡觴天子于當水之陽，天子乃樂，□賜七萃之士戰。庚寅（27），北風雨雪，天子以寒之故，命王屬休。甲午（30），天子西征，乃絕隃之關隥。

文中的干支日期相近，虖沱河在山西北部一帶也是確定的（參附圖一），而穆王是癸未日「北循虖沱之陽」之後的乙酉才「北征于犬戎」，所以這裏的「犬戎」應尚在虖沱河之北。配合考古學界所言「北方式青銅器」的分布情形來看

> 狄文化分布的中心區在陰山南的河套平原及晉冀北部的遼闊草原地帶，戎文化分布的中心區在隴山東西的山地丘陵地帶。〔註74〕

> 相當于商代晚期的遺物，多分布在鄂爾多斯、山西呂梁地區和陝西北部北區。如在鄂爾多斯、山西保德、石樓、柳林，陝西北部神木、府谷、榆林、米脂和綏德等地曾先後多次出土。另外，在北京地區、河北青龍、張家口、藁城、遼寧興城、河南安陽以及蒙古南戈壁省的伯顏塔拉鄉也有類似品發現。相當于西周至春秋時期的鄂爾多斯式青銅器，除鄂爾多斯發現的數量較多外，在北京昌平、延慶、河北平泉、內蒙古東部赤峰、寧城等地均有發現。〔註75〕

在上一節中已經說過，屬於內蒙古地區的北方式青銅器，其東界大致在呂梁山、恒山西側，其與甘肅、寧夏地區類型的北方式青銅器大約是以毛烏素沙漠為分界。那麼《穆天子傳》中位於晉北一帶的犬戎，應該是屬於內蒙古地區文化類型的北方式青銅器的分布區，其與在周人西北一帶的犬戎應是有所不同的。

　　為何對晉北一帶與在周人西北一帶的邊疆民族皆稱之為「犬戎」呢？由文獻的記載來看，戰國以至於漢，確實是有把北方民族泛稱為「犬戎」的情形，如《史記・匈奴列傳》《索隱》：「《山海經》（引按，〈大荒北經〉）云：『黃帝生苗龍，苗龍生融吾，融吾生弄明，弄明生白犬，白犬有二牡，是為犬戎。』《說文》云：『赤狄本犬種，字從犬。』又《山海經》（引按，〈大荒北經〉）云：『有人面獸身，名曰犬夷（今本作戎）。』」〔註76〕

---

〔註74〕 田廣金、郭素新：《鄂爾多斯式青銅器》p15，文物出版社1986年。

〔註75〕 田廣金、郭素新：《鄂爾多斯式青銅器》p188，文物出版社1986年。

〔註76〕 研究《山海經》的學者認為〈大荒北經〉（〈大荒四經〉同〈海內經〉）與〈海

綜上所述，西周時的犬戎應是在周人之西，《穆天子傳》中雖有位於晉北的犬戎，但傳文中的犬戎應是泛稱（或戰國時犬戎之一支居於北方者），與西周乃至春秋時在陝、甘一帶的犬戎是有所不同的。而商代的甲骨文中所見約在晉南一帶的犬侯，雖然有可能是犬戎一族內服於商者，但與文獻中的昆戎、畎戎仍然還是應區分開來。

### B. 鬼　方

「鬼」字甲骨文作**男**，上舉 9 之「鬼方」舊或以爲是「遠方」，如《毛傳》：「鬼方，遠方也。」《後漢書・章帝紀》：「威霆乎鬼區」，注：「鬼區即鬼方」，《後漢書・班彪傳》注：「鬼區，遠方也。」李學勤據甲骨文例指出，「鬼方」當即「某方」，爲方國名，其說可信。**男**與上舉 11 之畎字形不同，李學勤、羅琨認爲〈小盂鼎〉中的畎方與文獻、甲骨文所說在山西西南部的鬼方應有所區別，「鬼方」本爲個別族氏的專名，後演化成部族的通稱，作爲通稱，鬼方即西北游牧諸族，相當甲骨文中的羌，而上舉 12 之「畞」則應讀爲「畏（威）」，實際上鬼方只是商代通用的詞。〔註 77〕所以位於山西西南部的鬼方，與在周人之西、西北的犬戎、玁狁應該是沒有關係的。〔註 78〕

### C. 葷　粥

葷粥之稱至漢猶存，其地域由上舉 16～18 來看，皆在華夏之北，故葷粥當與周人之西、西北的犬戎、玁狁有別。14 中「昆戎」、「獯鬻」互見，王國維以爲是「行文避複之故」，但如依王氏所言犬戎即玁狁即葷鬻之說，則 15、16 中玁狁、昆夷與葷粥並列，又當作何解釋？所以葷粥與昆夷（犬戎）仍應區分開來。

---

内北經〉（〈海内四經〉同〈海外四經〉）基本上所記事物大略相同，可以說是同一事件的兩本記載。上引〈大荒北經〉有犬戎，而〈海内北經〉亦有犬戎之國。〈海内北經〉所述係由西北而漸向東，說明當時的觀念中，西北偏東的區域也有犬戎。

〔註77〕　參羅琨：〈高宗伐鬼方史跡考辨〉，《甲骨文與殷商史》第 1 輯。上海古籍出版社 1983 年，李學勤：《殷代地理簡論》p75，科學出版社 1959 年、《周易經傳溯源》p11，麗文文化 1995 年、〈論史牆盤及其意義〉，《考古學報》1978 年 2 期。陳夢家：《殷虛卜辭綜述》p275。

〔註78〕　沈長雲：〈玁狁、鬼方、姜氏之戎不同族別考〉一文中以犬戎即玁狁，並由地域、生活習性及後裔分屬不同族別三方面論證玁狁與鬼方有別。按，玁狁與鬼方有別應是可信的，但犬戎是否即玁狁則猶有可商，詳下文。沈文載《人文雜志》1983 年 3 期。

　　以下來看犬戎、玁狁、鬼方、葷粥之間的關係。王國維是把四者視為同一部族的異代稱呼，然據上文所述，鬼方與犬戎的分布區域顯然是有所不同的。對此，陳夢家即云：

> 王國維的鬼方考，對於鬼方一事的考定，是有重大貢獻的。但他其實受了〈五帝本紀〉《索隱》的暗示。《隱索》說：「匈奴，別名也，唐虞已上曰山戎，亦曰熏粥，夏曰淳維，殷曰鬼方，周曰玁狁，漢曰匈奴。此外，他加入了混夷，以為凡此一切都是鬼方。這種混同，是不對的。玁狁是允姓之戎，和鬼姓是不同的種族。《孟子·梁惠王下》：「文王事混夷⋯⋯大王事獯鬻」，明二者非一。〔註79〕

陳氏以為鬼方與葷粥不同（歷來亦多如此認為），鬼方亦不同於犬（昆）戎之說是可信的，且據上一節所述，玁狁應在周人西北一帶，所以玁狁也不會與鬼方是同一部族的異稱。如果以犬戎為 A，鬼方為 B，葷粥為 C，玁狁為 D，上述的關係可表示為：

B≠C　B≠A　B≠D

而王國維認為犬戎即葷粥即玁狁（A＝C＝D）的說法是否可信呢？對此學界有不同的看法，如黃盛璋認為葷粥即犬戎，而葷粥非玁狁（C＝A，C≠D，玁狁則為犬戎之一支，〔→A≠D〕），〔註80〕其說云：

> 《後漢書·西羌傳》：「武乙暴虐，犬戎寇邊，周古公逾梁山而邊于岐山之下」，此即《孟子》所記之獯鬻，則獯鬻為犬戎可以肯定。⋯⋯玁狁在《詩經》、金文以及文獻記載中雖有不同寫法，然皆從「嚴」聲與「犬」聲，足證皆譯寫該族自名之音，讀音雖同而字無定，和葷粥一樣，但「玁」與「葷」談、文異部，「犬」與「粥」亦文、覺異部，聲亦不同，所以玁狁與葷粥不同，上引《詩采薇序》亦以「西有昆夷之患，北有玁狁之難」將二者分開，《逸周書序》亦然，如此玁狁與葷粥不能混合為一，亦無法能證明玁狁為葷粥異代改名⋯⋯金文稱玁狁為戎，而「穆王西伐大（引按，犬之誤）戎，取其五王」、「王遂遷戎于太原」，與《詩六月》「薄伐玁狁，至于太原」相合，則玁狁可能為犬戎之一支（與葷粥同屬犬戎，但非同部），犬戎分布很廣，族類非一，而犬戎為其總名，同屬犬戎，亦不必同一部落。

〔註79〕　陳夢家：《殷虛卜辭綜述》p275。
〔註80〕　〔　〕中表合理的邏輯推衍。

〔註81〕

按，依上舉 19 所記，配合《後漢書・西羌傳》和《孟子・梁惠王下》的記載，
似乎黃氏以葷粥即犬戎（或犬戎之一支）的說法是可信的，但仔細來看仍是
有問題的。〈梁惠王〉之「大王事獯鬻」與 19 爲同一事應是可以肯定的，但
與〈西羌傳〉所記是否爲同一事則頗有疑問。商周之間的關係，夏含夷依李
學勤、裘錫圭、林澐所提出的甲骨斷代原則（歷組卜辭爲一期卜辭），曾對相
關卜辭進行分析，夏氏指出在武丁時期，商、周關係良好，至武丁末期則呈
現敵對關係，而祖庚以後之卜辭則不再見商周之間的來往。〔註 82〕若據古本
《竹書紀年》，武丁之後商周之間再有關聯，已是「（武乙）三十四年，周王
季歷來朝。」這點說明，武乙時以古公亶父爲王的周，是否爲商之「邊」是
仍有待考慮的。退一步來說，〈西羌傳〉中「武乙暴虐，犬戎寇邊」二句不見
於他書，即使「古公逾梁山」是出於犬戎寇邊的緣故，這裏的「犬戎」也可
能是如前述《穆天子傳》中的「犬戎」，與西周時的犬戎並不相同，而從犬戎
與葷粥的分布位置來看，葷粥在北，西周時的犬戎在西，兩者還是有所區別
的。總之，並沒有積極的證據顯示葷粥即犬戎。（C≠A）

　　至於玁狁與犬戎的關係，自王國維之後，許多學者都把玁狁、犬戎等同起
來，其主要的根據除王氏所提出「玁狁」是「葷粥」（混、葷古音聲母、韻部相
同）「引而長之者也」的聲韻關係，和地區分布因素之外，劉桓由金文、文獻中
犬戎、玁狁的交錯出現，對王氏之說作了修正和補充。劉氏先是否認上文所舉
「犬戎」與「混戎」（昆戎）互作是「犬」、「混」（昆）通假的緣故，云：

　　　犬戎必有戎語稱呼，否則是無法說明這些名稱之相通的。若強說犬
　　　與昆、混古音相近，終難令人信服。

又云：

　　　犬戎之名在周穆王以間（當爲後之誤）至幽王之間消失不見，再看
　　　典籍與金文關于玁狁的記載恰好在這期間。換言之，即周穆王時的
　　　犬戎，此時大都寫做玁狁，到東周時候史書才又見犬戎之名。〔註83〕

按，「玁狁」是「葷粥」「引而長之」的說法最多只能適用於「葷」與「玁狁」，

〔註81〕 黃盛璋：〈玁狁新考〉，《社會科學戰線》1983 年 2 期。
〔註82〕 夏含夷：〈早期商周關係及其對武丁以後殷商王室勢力範圍的意義〉，《九州學
　　　　刊》卷 1 期 1987 年，復收於《溫故知新錄》，稻禾出版社 1997 年。
〔註83〕 劉桓：〈甲骨、金文所見的犬戎與玁狁〉，《殷都學刊》1994 年 2 期。

「粥」字便沒有了著落，故此說不可信。且玁狁與葷粥分布的區域不同已如上述。其次，玁狁與犬戎的位置，犬戎在周人之西，玁狁根據上節一中的討論，約在周人西北，二者地域雖近，但仍有區別，如上舉之 15 即云昆夷（犬戎）在西而玁狁在北，昆夷（犬戎）與玁狁同見，分別顯然。需特別說明的是，學者或以爲玁狁是在秦晉高原一帶，〔註 84〕此說是以《詩經・小雅・六月》「薄伐玁狁，至于大原」之「大原」即山西太原爲根據來說，但本文的上一節中已經說過，《詩》中的人原在周之西北，且〈小雅・出車〉把玁狁亦稱之爲西戎，與在豐鎬東北的山西太原方位不合。所以雖有稱玁狁在北，但很可能是爲整齊文句把西北省稱爲北。〔註 85〕

　　至於劉氏所提出玁狁是戎語稱呼，則不可信，至於犬戎、玁狁時代交錯，故二者爲一族的說法則沒有太多的根據。關於前者，可由葷粥的稱法加以說明。葷粥在文獻中的寫法不盡相同，但不管寫作葷粥、獯鬻，還是薰粥，在聲韻上可相通假是沒有問題的，歷來也沒有學者對此三者是指同一部族有過懷疑。同樣的情形在犬戎的稱謂上也存在，犬戎之犬又可寫作畎，犬與昆，或從昆聲的混、緄古音亦近，所以因其爲通假關係而懷疑犬戎必定有戎語的稱呼，似乎沒有太多的根據。關於後者，可由以下二個方面加以說明：第一、誠如黃盛璋在上舉文中以《詩・采薇》序和《逸周書・序》爲根據，犬戎（昆戎）與玁狁並舉而方位不同，說明二者地域雖近，還是有所區別。第二、玁狁之見於記載，如據《漢書・匈奴傳》之說，則最早是任懿王時（〈詩序〉以爲文王時，學界多不信此說），如果依劉氏玁狁爲戎語稱呼的說法，何以在此之前犬戎威逼華夏時不稱之爲玁狁，待至穆王征犬戎之後始如是稱之？而《漢書・韋賢傳》有：「臣聞周室既衰，四夷並侵，獫狁最彊，於今匈奴是也。」《史記・周本紀》記周王室的衰微是始自穆王，而穆王仍能西征犬戎，遷犬戎於太原，其後懿王之時「王室遂衰」，〈韋賢傳〉中的「周室既衰」約當即此時。配合上一節中玁狁的相關記載來看，玁狁是西周中晚期由西北方向入侵的主要敵人，漢代時仍稱「獫狁最彊」，是可信的。反觀犬戎的情形，犬戎於穆王時被遷於太原之後，夷王時仍被攻伐，周人並獲馬千匹（《後漢書・西

---

〔註84〕如黃盛璋：〈玁狁新考〉，《社會科學戰線》1983 年 2 期。沈長雲：〈玁狁、鬼方、姜氏之戎不同族別考〉，《人文雜志》1983 年 3 期。

〔註85〕也可能稱玁狁在北是因爲《詩經・小雅・出車》：「城彼朔方。」毛傳：「朔方，北方也。」

羌傳》），其俘獲的數量與西周時其他的戰爭相比較，說明夷王時對犬戎的作戰應是取得重大的勝利。其後雖有宣王「伐太原戎，不克」之事，但不難發現，此時「戎」所侵擾者，主要是當時位處周人之西的秦，而不是如上一節中所述玁狁所入侵的「洛之陽」，和「京自」（豳）所在的涇河一帶。所以，犬戎與玁狁，在西周時的文獻、金文中有時代交錯的情形應是巧合，並不足以說明玁狁即是犬戎（A＝D之說不能成立）。

又，上舉黃盛璋之文提出玁狁是犬戎的一支的說法是否可信呢？黃氏是以穆王「遷戎于太原」與《詩・小雅・六月》「薄伐玁狁，至于太原」相比較，認爲穆王以後犬戎居於太原，而宣王時伐玁狁亦至太原，所以玁狁與犬戎有關（許多學者據此認爲犬戎即玁狁）。按，此說猶有可商。宣王時伐玁狁至于太原，只能表示這次戰役周人的軍隊追擊至太原，而不能表示玁狁即居於太原，這種情形猶如上一節中所舉的〈多友鼎〉，鼎銘記述周人追擊玁狁至於楊冢，但不能說楊冢即是玁狁的居地。故，以太原來聯繫犬戎與玁狁的說法亦未可深信。

綜上所述，犬戎即混戎（緄戎），居于周人之西，玁狁居于周人之西北，其是否爲犬戎之一支仍有待進一步證實，而犬戎與玁狁應該有所區別則是可以肯定的。〔註86〕鬼方主要見於商代，居於山西西南部一帶，〈小盂鼎〉中的䝠方應該與商代之鬼方有所不同，而〈梁伯戈〉中舊讀爲「抑鬼方蠻」的「䰚」（鬼），據〈史牆盤〉「方蠻亡不䰖見」，此處應从李學勤之說讀爲「抑畏（威）方蠻」，由其分布區域來看，與犬戎、玁狁是有區別的。而葷粥當如黃盛璋所說，也不能與玁狁混爲一談。至於葷粥，應在華夏之北，與在陝、晉之間的鬼方應該區分開來。若用上述A（犬戎）、B（鬼方）、C（葷粥）、D（玁狁）的邏輯關係式來表示，當爲：

$$A \neq D \quad 且 \quad A \neq B \quad 且 \quad A \neq C \quad 且 \quad B \neq C \quad 且 \quad C \neq D$$

也就是說，商、西周之時侵擾中國的犬戎、鬼方、葷粥、玁狁應該是不同的部族，分布在不同的區域，其中犬戎、玁狁，一在周人之西，一在周人之西

---

〔註86〕沈長雲在註84所舉文中認爲犬戎即玁狁，其後經由對「驪戎」的考察，放棄舊說，認爲二者應有所區別，其文云：「我在過去作有〈鬼方、玁狁、姜氏之戎不同族別考〉，曾對這個問題進行過辨析。現在想起來，這篇文章雖然將犬戎與赤狄鬼方及姜氏之戎正確地作了區分，但卻仍將同時的玁狁與犬戎混作了一談。這個錯誤，容後作文進行糾正。」說見〈驪戎考〉，《中國史研究》2000年3期。

北，二者區域相近，且有互見的巧合，所以容易造成二者為同一部族的聯想。至於東周以後，「犬戎」一辭似乎有漸成為通稱的傾向，可包括北方（山西）的外族，這種情形與楚、荊楚同時有通稱和專稱兩種用法的情形有些類似。而玁狁至東周之後，一般認為即《左傳·僖公廿二年》：「秦晉遷陸渾之戎于伊川。」杜預注：「允姓之戎居于陸渾，在秦、晉西北，二國誘而徙之伊川。」中的「允姓之戎」。

## 二、西周與犬戎的關係

以下接著來看西周與犬戎的關係。依上舉與犬戎有關的文獻來看，文王伐犬戎之後，直至穆王西征犬戎為止，這其間犬戎是服屬於周的，《逸周書·王會》中犬戎曾獻「文馬」，〔註87〕《國語·周語》亦云「今自大畢、伯士之終也，犬戎氏以其職來王……吾聞犬戎樹，惇帥舊德而守終純固。」這些都比較沒有異議，需加以說明的是穆王征犬戎的戰果及穆王之後犬戎與周的情形。

關於穆王對犬戎的戰爭，學者或以為穆王征犬戎不僅只一次。〔註88〕至於「四白狼、四白鹿」，韋昭注：「白狼、白鹿，犬戎所貢。」對此，今之學者或認為「白狼」、「白鹿」是部族圖騰，「四白狼、四白鹿」是指八個氏族。〔註89〕按，1989年公布的〈伯唐父鼎〉銘文中，丁辟池所射之牲中亦有「白狼」、「白鹿」，〔註90〕說明穆王所得者似仍當為珍獸。穆王遷犬戎於太原之後，夷王、宣王都曾伐太原之戎，宣王時曾「料民」於太原。「料民」，《國語》韋昭注：「料，數也。」杜正勝認為「料民」是宣王「既喪南國之師」後補充兵員的措施，當時是新制，宣王是「想在『正夫』之外徵召更多人力，可能是餘夫，以補充兵員。」〔註91〕

按，犬戎所居的太原，在穆王之後的夷、宣二王時皆出現，頗值得留意。

〔註87〕黃懷信認為〈王會〉為西周時之作品而經春秋時加工改寫，說見：《逸周書源流考辨》p119、125～126，陝西大學出版社1992年。

〔註88〕如葉達雄即認為《後漢書·西戎傳》：「獲其五王，遂遷戎于太原。」和《國語·周語》：「得四白狼、四白鹿以歸」是不同的兩次戰爭。說見：〈西周昭、穆、恭、懿、孝、夷時代的內政措施與對外關係〉，《國立台灣大學歷史學系學報》5期，1978年，復收於《西周政治史研究》，明文書局1982年。

〔註89〕參劉敦愿：〈周穆王征犬戎「得四白狼四白鹿以歸」解〉，《人文雜志》1986年4期。註83所舉劉桓之文並同此說。

〔註90〕參〈長安張家坡M183西周洞室墓發掘簡報〉，《考古》1989年6期。

〔註91〕杜正勝：《編戶齊民》p23，聯經出版社1992年2刷。

太原的地理位置，韋昭注但云爲地名而未實指，瀧川氏《考證》引閻若璩：「玁狁侵鎬及方，至於涇陽。鎬等三地名皆在雍州，則太原地名亦即在雍州。」顧炎武亦云：「《國語》宣王料民于太原，亦以其地近邊，而爲禦戎之備，必不料之於晉國也。」〔註92〕所以宣王「料民」之太原當即穆王「遷戎于太原」之太原。值得注意的是，犬戎於穆王時被遷於此，這種情形應即裘錫圭所指出對待服屬者的一種方式－「奠」，〔註93〕其後夷王、宣王雖都有對此地用兵，但宣王卻仍在此「料民」，可能自穆王遷犬戎於太原之後，犬戎與周的關係就類似於淮夷之於周人的「貟晦臣」，成爲周人「布縷之征，粟米之征，力役之征」的對象，〔註94〕可能這些被遷的犬戎，還具有被使用在戰鬥、守衛等工作的「僕」〔註95〕的性質，所以宣王在「既喪南國之師」以後要在戎人所居的太原「料民」，以補充兵員。（周與內服淮夷的關係，及「僕」的相關論述，參第六章第二節。）

最後來看犬戎攻殺幽王之事。幽王寵愛褒姒，廢申后與太子宜臼，宜臼奔西申（古本《竹書紀年》），〔註96〕申侯與繒、犬戎攻殺幽王於驪山，後「諸侯乃即申侯而共立故幽王太子宜臼，是爲平王。」（《史記·周本紀》）幽王時的申后與攻殺幽王之申侯爲同族，歷來皆無異議，但《竹書紀年》所說之「西申」與宣王時徙封於南陽的申，兩者之間的關係，學界則有不同的看法。如李學勤據《史記·秦本紀》：「申、駱重婚，西戎皆服，所以爲王」，上舉1宣王「征申戎，破之」，及〈仲爯父簋〉（《集成》4188～4189）銘文中的「南虪（申）伯」，認爲〈秦本紀〉中的「申」和宣王所征的「申戎」是《逸周書·

---

〔註92〕顧炎武：《日知錄》卷之三，大原條。又「禦戎之備」亦有增加兵員之意義。

〔註93〕參裘錫圭：〈說殷墟卜辭的「奠」——試論商人處置服屬者的一種方法〉，《史語所集刊》64本3分，1993年。

〔註94〕郭沫若於〈兮甲盤〉之「貟晦人」云：「『貟晦人者』，猶言賦貢之臣也。……『其進人』者，力役之征也。」即《孟子·盡心下》：「孟子曰：『有布縷之征，粟米之征，力役之征。』」蔡哲茂指出淮夷所「毋敢不出」的貟、晦、進人，「『進人』當是周王室徵人以各伐玁狁，猶甲骨文所見之『登人』、『共人』。」郭說見於《大系》（《周代金文圖錄及釋文》頁144。蔡說見白川靜：《金文的世界》p140，溫天河、蔡哲茂譯，聯經出版社1989年。

〔註95〕「僕」的性質，參裘錫圭：〈說「僕庸」〉，《紀念顧頡剛學術論文集》，巴蜀書社1990年，復收於《古代文史研究新探》，江蘇古籍出版社1992年。又，與之相關的討論參第六章第二節。

〔註96〕《左傳·昭公廿六年》正義：「汲冢書《紀年》：『平王奔西申，而立伯盤以爲太子。』」

王會》中的「西申」，與在南陽的「南申」是不同的，幽王之申后爲南申伯一族，南申與西申也許有一定的淵源，但宜臼所奔者當爲「南申」。〔註97〕陳槃則認爲「西申」與南陽之申本是一族，分居二地，並本蒙文通之說，認爲「西申」因居於宗周之西，同化于戎，故亦曰申戎。〔註98〕

　　按，「西申」與「南申」是否本爲一族，誠如李學勤所說，尚有待新的材料才能證實，但古本《竹書紀年》言「平王奔西申」，也不好輕易的否定。因爲宣王時徙封申於南陽，宣王又曾伐申戎，故申戎與南徙之申應是有所不同的。至於申、西申、南申的稱法，「西申」可能就是爲了與尚未南遷的申區分開來的稱法。南遷之後的申距離豐鎬較遠，稱之爲南申，而申戎之西申反而就簡稱爲申。由相關記載來看，只能知道申后與申侯同族，但並沒有證據顯示這裏的申侯一定就是封於南陽的「南申」，由「平王奔西申」來看，申后、申侯的「申」指「西申」的可能性是不能完全排除的，而如果以「申」爲「西申」，則相關的記載就比較容易說得通。《國語‧鄭語》：

> 申、繒、西戎方彊，王室方騷，將以從欲，不亦難乎？王欲殺太子以成伯服，必求之申，申人弗畀，必伐之。若伐申，而繒與西戎會以伐周，周不守矣！繒與西戎方將德申，申、呂方強，其隩愛太子亦必可知也。王師若在，其救之亦必然矣。王心怒矣，虢公從矣，凡周存亡，不三稔矣。

申、繒、西戎三者的地理位置應是相近的，〔註99〕崔述《考信錄》但知有南陽之申而未考慮到西周時尚有西申，故對此記載提出一連串難以辯駁的質疑：

> 申在周之東南千數百里，而戎在西北，相距遼越，申侯何緣越周而附於戎！黃與弦之附齊也，其國在楚東北，然楚滅之，齊桓猶不能救，遠近之勢然也。王師伐申，豈戎所能救乎！……申與戎相距數千里，而中隔之以周，申安能啓戎；戎之力果能滅周，亦何藉于申之召乎！〔註100〕

〔註97〕李學勤：〈論仲再父簋與申國〉，《中原文物》1984年4期。
〔註98〕陳槃：《春秋大事表列國爵姓及存滅表譔異》(三訂本)頁154，史語所1997年影印四版。
〔註99〕錢穆亦認爲申、繒、犬戎相近，但其說將申說成南陽之申，故亦將犬戎置於豐鎬之東南或西南，則不可信。錢說見：〈西周戎禍考〉上，《禹貢半月刊》2卷4期，復收於《古史地理論叢》，東大圖書1982年。
〔註100〕崔述：《考信錄‧豐鎬考信錄卷之七》。

如果將「申」視爲「西申」，則這些問題就不存在了。值得注意的是，據《左傳‧昭公廿六年》孔疏引古本《竹書紀年》：

> 伯盤與幽王俱死于戲。先是，申侯、魯侯及許文公立平王于申。幽王既死，而虢公又立王子余臣于攜，周二王並立。

> 二十一年，攜王爲晉文公所殺。

殺幽王者爲申侯，立平王者亦爲申侯，且此次的動亂是以立嫡始，並以立嫡終，整個事件帶有濃厚的爭奪王位繼承權的性質。由於西申爲幽王時申后之外家，故西申對豐鎬地形與諸侯分布有一定程度的了解，所以申侯引犬戎攻幽王，可避開豐鎬、周原等地密集的諸侯國，當然，未見諸侯救援，在此之前幽王燃烽火台戲諸侯之事，也應該是因素之一。「西申」於宣王時被稱爲申戎，其在幽王時與周之關係大致類似於春秋時晉獻公時之驪戎，而在稍早的孝王時「申侯乃言孝王曰：『昔我先酈山之女，爲戎胥軒妻，生中潏，以親故歸周，保西垂，西垂以其故和睦。今我復與大駱妻生適子成，申、駱重婚，西戎皆服，所以爲王，王其圖之。』」（《史記‧周本紀》）說明西申在周人處理西戎的問題上佔有重要的地位，且幽王時「繒與西戎方將德申」，韋昭注：「申修德於二國。」由於有這層關係，且整個事件帶有爭奪王位繼承權的性質，所以申侯連同犬戎攻殺幽王之事，對當時的諸侯國來說並不是罪大惡極的事，反而與申侯共立平王（幽王的種種失德，當然也佔有部分因素）。再回頭來看犬戎在此一事件所扮演的角色，不難發現，犬戎並不是以主動入侵者的姿態出現，而是申侯的「外援」。

綜觀穆王以後的犬戎，其與西周的關係雖然仍偶有戰爭，但總的來看，犬戎仍保有其獨立性，但另一方面卻又是周王欲增加兵員時「料民」的對象，顯示犬戎與西周的關係有點類似「貢晦臣」的性質，這一點與淮夷和西周的關係是相近的。而犬戎與西周所表現出的這種關係，也從另一個側面顯示出西周中期以後的犬戎與中晚期和西周爲敵的玁狁，二者是有所區別的。（或許這也可做爲文獻中西北外患之所以有犬戎、玁狁相交錯之解釋。）

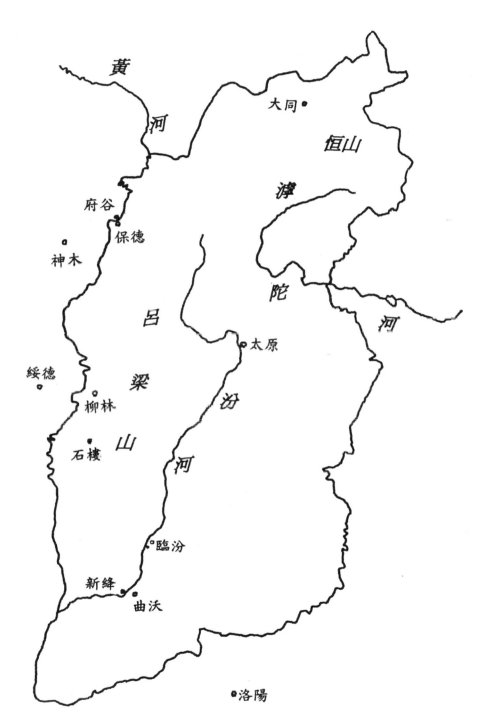

附圖一　山西一帶相關地理位置圖

## 第三節　西周與「西土」諸侯──兼論西周金文中的某王

　　西周初年，周人每自稱爲「西土」之人，如《尚書·大誥》：「有大艱于西土，西土人亦不靜，越茲蠢。」〈康誥〉：「用肇造我區夏，越我一二邦，以修我西土。」〈酒誥〉：「乃穆考文王，肇國在西土。」後來周人逐漸由「西土意識」轉變爲「天下意識」，〔註101〕故本文中所說的「西土」諸侯並不是姬姓周人，而是在「西土」（甘肅、寧夏、陝西）一帶的非姬姓諸侯國。其中姜姓與姬姓的關係最爲密切，本文即藉由周人與姜姓氏族之間關係的討論，來對西周時周人經營「西土」的情形進行了解。另一方面，在青銅器銘文中有「某王」的稱謂，其中有些明確是外邦族長，這種情形可與商代甲骨文中的「某王」相比較，但還有一些是與姜姓氏族有關，甚至其地理位置就在陝西周原附近，究竟西周時所見的「某王」反映出怎麼樣的一個歷史情境？爲何在宗周附近且與周人有密切關聯的姜姓諸侯會稱「王」呢？本節即針對上述問題進行討論。

### 一、姜姓部族與周人

　　羌屬姜姓，學界無異議。姜姓的羌，在商周歷史上是重要的部族，「在殷代，『羌』與『羌方』之涵義有廣狹的不同。商人泛稱西方的異族人爲『羌』，而『羌方』專指居于羌地的一個方國。」〔註102〕泛稱的「羌」和方國名的「羌方」，其具體所在，學界的看法並不一致。〔註103〕而周人崛起於陝西，學者多認爲有很大原因是與姜姓部族的結合，武王克商之後，姜姓氏族在西周王朝

---

〔註101〕　參杜正勝：〈〈牧誓〉所反映的歷史情境〉，《大陸雜誌》81 卷 3 期，1990 年，復收於《古代社會與國家》，允晨文化 1992 年。

〔註102〕　李學勤：《殷代地理簡論》p80，科學出版社 1959 年。

〔註103〕　泛稱的羌，其分布區域可能很廣泛，是以青海東部湟水流域，河曲地段和甘肅境內的洮河流域、渭水上游爲中心分佈區。四向幅射，北及河西走廊以南，東達陝西西部，南及川北。參〈帕米爾高原古墓〉，《考古學報》1981 年 2 期。又，商末周初在陝西周原扶風寶雞一帶即有姜姓羌族的文化遺存，參〈扶風劉家姜戎墓葬發掘簡報〉，《文物》1984 年 7 期。商時「羌方」的所在，或以爲在晉南、陝東交界一帶；或以爲在陝西東北與山西西北的交界附近；或以爲在山西延及太行山一帶，在商都的西北方及北方。第一說如陳夢家：《殷虛卜辭綜述》p282，中華書局 1992 年；鄭杰祥並同此說，見《商代地理概論》p314，中州古籍出版社 1994 年。第二說見島邦男：《殷墟卜辭研究》p402、p419，鼎文書局 1975 年。第三說見鐘柏生：《殷商卜辭地理論叢》p173～180，藝文印書館 1989 年。

也發揮出相當程度的影響力－－不論是就婚姻關係而言，或是受封爲諸侯，乃至在朝中任大臣。另一方面，西周時尙有姜戎，學者皆謂姜戎之稱，是姜姓部族中「華夏化」程度不及已融合於周人的姜姓部族。以下先對周人在崛起階段與姜姓部族的結合作概略的了解，然後對武王克殷後，周人與姜姓部族的關係進行討論。

（一）

《史記‧周本紀》記載周人始祖后稷之母即爲姜姓，古公亶父之時，周人漸興，古公之后妃中亦有姜姓女子：

> 周后稷名棄，其母有邰氏之女曰姜原，姜原爲帝嚳元妃，后稷卒，子不窋立……不窋卒，子鞠立……鞠卒，子公劉立……公劉卒，子慶節立，國於豳。慶節卒，子皇僕立。皇僕卒，子差弗立。差弗卒，子毀隃立。毀隃卒，子公非立。公非卒，子高圉立。高圉卒，子亞圉立。亞圉卒。子公叔祖類立。公叔祖類卒，子古公亶父立……古公有長子曰太伯，次曰虞仲，太姜生少子季歷。季歷娶太任，皆賢婦人，生昌，有聖瑞。古公曰：「我世當有興者，其在昌乎」，長子太伯、虞仲，知古公欲立季歷以傳昌，乃二人亡如荊蠻……

先周世系的不合理，杜正勝已有清楚的說明，其文云：

> 關於周族先公時期的年代前後失據，始祖搭上帝嚳，裔孫文王與商紂同時，自然世代少而時間長，於是有棄在帝嚳時代，其妃在帝舜時代，而其子晚到夏王太康的矛盾（《漢書‧古今人表》），甚至文王與夏朝帝芒並世的笑話（《史記‧三代世表》），都坐於棄爲嚳子傳說之故。〔註104〕

而何以周人會將始祖棄與帝嚳搭上關係呢？杜氏在同文中認爲「推尊后稷之母爲帝嚳的元妃，不外抬高周人的歷史身價。」對此，王明珂從民族融合的角度提出另一種解釋，云：

> 這並不表示關於帝嚳的傳說可以被忽略；相反的，它的重要性在於：這個包含帝嚳的商、周族源傳說，顯示在華夏形成過程中，華夏族群透過對商、周族源的再詮釋，以共同的族源將商人與周人結合在

---

〔註104〕杜正勝：〈關於先周歷史的新認識〉，《國立台灣大學歷史學系學報》16期，1991年。後以〈先周歷史的新認識〉爲題收於《古代社會與國家》，允晨文化1992年。

一個「我族」範疇之中。

事實上，近代民族誌與歷史資料都顯示，忘記自己的祖先，拉別人的

祖先或創造一個共同祖先，正是族群分裂與結合的一般模式。〔註105〕
另外，文王時的姜太公，可能就是羌族其中一支的族長，〔註106〕武王克商時，
「牧誓八國」中亦有「羌」，其後的諸王以姜姓女子爲后妃的情形亦屬常見（詳
後文）。推想周人族源的傳說中將其始祖后稷之母說成是姜姓，可能是在族群
認同過程中除了以帝嚳來表示「我族」之外，尚有對姜姓部族表示出血緣關
係的意味。〔註107〕如果從姬（周）、姜二姓勢力聯合的角度來看，當初古公亶
父傳位給少子季歷，可能並非全然是因爲「生昌，有聖瑞」的緣故，季歷之
母爲姜姓的政治性因素似乎也不能完全排除。〔註108〕

## （二）

姬、姜聯姻的情形可由《國語・周語中》富辰諫襄王以狄女爲后的一段
話爲綱領來了解：

> 王德狄人，將以其女爲后。富辰諫曰：「不可。夫婚姻，禍福之階也。
> 由之利內則福，利外則取禍。今王外利矣，其無乃階禍乎？昔摯、
> 疇之國也由大任，杞、繪由大姒，齊、許、申、呂由大姜，陳由大
> 姬，是皆能內利親親者也……」王曰：「利何如而內？何如而外？」
> 對曰：「尊貴、明賢、庸勳、長老、愛親、禮新、親舊。然則民莫不
> 審固其心力以役上令，官不易方，而財不匱竭，求無不至，動無不
> 濟，百姓兆民，夫人奉利而歸諸上，是利之內也。若七德離判……
> 夫禮，新不間舊，王以狄女間姜、任，非禮且棄舊也。……

上引文的末句，韋昭注：「間，代也。」「姜氏、任氏之女世爲王妃嬪也，今
以狄女代之，爲棄舊也。」姜姓、任姓之女是否如韋昭所說「世爲王妃嬪」，

---

〔註105〕參王明珂：〈周人的族源與華夏西部族群邊界的形成〉，《大陸雜誌》87 卷 2
期，1993 年、〈什麼是民族：以羌族爲例探討一個民族誌與民族史研究上的
關鍵問題〉，《史語所集刊》65 本 4 分，1994 年。

〔註106〕此爲蔡哲茂師課堂所言。

〔註107〕古代有「同母者爲宗親」的想法，或與此有關。「同母者爲宗親」之說，參楊
希枚：〈姓字古義析正〉，《史語所集刊》23 本，1951 年，復收於《先秦文化
史論集》，中國社會科學出版社 1995 年 8 月。

〔註108〕據《國語・周語》：「夫禮，新不間舊，王以狄女間姜、任，非禮且棄舊也。」
任姓與周王室亦有深厚的婚姻關係，則古公因文王昌而傳位給季歷的過程
中，文王之母、季歷之妻爲任姓，也可能佔有部分因素。

尚未能完全落實，但由文獻和西周銅器銘文來看，姜姓與姬姓聯姻的情形確
實是終西周之世所常見的，劉啓益曾整理西周時周王后妃的情形如下：

| | |
|---|---|
| 武王：邑姜（呂姜）〔註109〕 | 懿王：王白姜 |
| 成王：王妸 | 孝王：王京 |
| 康王：王姜 | 夷王：王姞 |
| 昭王：王祁 | 厲王：申姜 |
| 穆王：王妲姜 | 宣王：齊姜 |
| 　　　王姜 | 幽王：申姜（前），褒妸（後） |
| 恭王：（王嬀？） | |

劉氏並云：

> 從以上排比可以看出，從武王到幽王有七個周王的后妃爲姜姓……
> 這說明西周時姬、姜兩姓是兩個互爲婚姻的政治集團，而這種習俗
> 的來源，或者可以追溯到更遙遠的古代。〔註110〕

劉氏所排的情形雖仍有可商之處，如周初銅器銘文中的「王姜」是否僅是一
人？「王姜」究竟是康王之后，抑或是昭王之后？學界的意見仍頗爲分歧，
但其所說姬、姜聯姻的情形是很值得注意的。二國（或部族）透過聯姻的方
式結合，這種由婚姻關係所帶來的血緣親屬關係，將會隨著時間而逐漸淡去，
由上表所見，西周每隔一、二代即與姜姓聯姻的情形，說明這種聯姻關係應
該是刻意的經營。從表面上看，這種刻意經營的模式，特別是姜姓具有聯繫
周人與戎人的特殊作用的情況下（《史記·秦本紀》：「申駱重婚，西戎皆服，
所以爲王。」），應該是對「西土」的安定有很大的助益。但事實上，姬、姜
的關係在西周中晚期已產生變化，孝王時想以「非子」取代由姜姓申侯之女
所生的「成」成爲「大駱」的嫡嗣，申侯對孝王說：

> 昔我先酈山之女爲戎胥軒妻，生中潏，以親故歸周，保西垂，西垂
> 以其故和睦。今我復與大駱妻，生嫡子成。申駱重婚，西戎皆服，
> 所以爲王，王其圖之。（《史記·秦本紀》）

王明珂分析這條史料云：

> 這個史料顯示，當姬姓周人幾乎已完全「華夏化」時，他們靠著姜

---

〔註109〕方濬益：《綴遺齋彝器考釋》卷27，頁十二云「篆文變8爲邑」，可能「邑姜」
　　　　爲「呂姜」之誤。
〔註110〕劉啓益：〈西周金文中所見的周王后妃〉，《考古與文物》1980年4期。

姓與嬴姓之戎的婚姻來維持與戎危弱連繫，以維持西土的安全……
留在渭水流域已完全華夏化的周王室與一些諸侯，與未華夏化的族
群（戎）的關係愈來愈遠，最後只能以某些姜姓族與戎的婚姻關係
來維持。對於渭水流域的姜姓族而言，不斷與此地新興勢力─首先
是姬姓周人，後來是大駱之族─聯姻，似乎是他們維持在當地優越
地位的手段之一。對周王室而言，這種西方的族群政治關係，對於
王室在東方所繼承、建立的權威，自然是有損的。因為以婚姻關係
為主要媒介的政治關係，是一種部落聯盟式的結合，與國家所賴的
階層化、中央化政治結構，基本上是相衝突的。當周王逐漸不能忍
受這種關係時，直接結合大駱族中的非子一系，以對抗姜姓與其它
戎人，可能是因應手段之一。〔註111〕

孝王干預大駱（嬴姓秦人首領）立嫡之事，似乎是有意在西土扶植姜姓以外，
另一個可以發揮安定西戎諸國作用的介於「華夏」與「戎」之間的諸侯國。
雖然此舉是否是要與姜姓對抗尚很難斷言，不過此事已表現出姬、姜的關係
並非如上表所見世代聯姻那樣的和諧。而王氏從「華夏化」的觀點來說明姬、
羌二姓的觀點是值得注意的。在西周晚期出現了「羌戎」，《國語‧周語上》：
「（宣王）三十九年，戰于千畝，王師敗績于姜氏之戎。」在此之前西周未有
稱「姜」為「戎」者，說明在西周的晚期，姜姓氏族本身就有融合於華夏與
否的差別，另一方面，也顯示出周人對同為姜姓而華夏化程度不同者的不同
對待。杜正勝在討論到西周「荒服無常」的情形時云：

也許是周族以及關中的西土之人本亦屬於戎狄之故，只因他們華夏
化、禮樂化，而西北部族仍然保持原來的生活型態和文化，故仍然
被稱為「戎狄」。〔註112〕

這種情形對於「姜戎」來說，應該也是合適的。

幽王時因為廢申后、立褒姒之子伯服為嫡，招致申侯聯結犬戎攻殺，具
體的情形在上一節中已有所討論，這裏再略作補充說明。「申」應是指「西申」，
與宣王時徙封至河南南陽一帶的「南申」是有區別的，而宣王時曾伐「申戎」

〔註111〕 王明珂：〈周人的族源與華夏西部族群邊界的形成〉，《大陸雜誌》87 卷 2 期，
1993 年。

〔註112〕 杜正勝：〈周秦民族文化「戎狄性」的考察──兼論關中出土的「北方式」青
銅器〉，《大陸雜誌》87 卷 5 期，1993 年。

（《後漢書・西羌傳》），「申戎」應即「西申」。〔註113〕宣王攻「申戎」，宣王之子幽王娶西申之女爲后，前者攻伐時稱「申戎」，後則稱「申」，從稱謂上來看，西申應仍保有相當濃厚的「戎狄性」（申屬姜姓，歷來皆無異說）。部分姜姓部族所保有的「戎狄性」，或許就是已漸趨「文明化」的姬姓周人，在西周中晚期以後與之關係漸趨惡劣的因素之一。

另一方面，姜姓部族的銅器中出現「某王」的稱謂，也給姬、姜關係帶來變數。

## 二、西周銅器銘文中的「某王」

底下就西周所見諸侯稱王的情形，進一步對西周與西土諸侯的相關問題進行討論。西周銅器銘文中有「某王」的稱謂，見於：

1. 〈矢王鼎〉：矢王乍寶隣鼎（《集成》2149，圖二、116）

2. 〈矢王壺〉：矢王乍寶彝〔註114〕（《集成》6452，圖二・117）

3. 〈矢王簋蓋〉：矢王乍奠姜尊簋，子＝孫＝其邁年永寶用（《集成》3871，圖二、118）

4. 〈同卣〉：隹十又二月，矢王易（錫）同金、車、弓、矢，同對揚王休，用乍父戊寶隣彝（《集成》5398，圖二、119）

5. 〈散氏盤〉：……矢王于豆新宮東廷……（《集成》10176，圖二、120）

6. 〈呂王壺〉：呂工磘（肇）乍內姬隣壺，其永寶用亯（《集成》9630，圖二、121）

7. 〈呂王鬲〉：呂王乍隣鬲子＝孫＝永寶用亯（《集成》635，圖二、122）

8. 〈爯伯簋〉：隹王九年九月甲寅，王命益公征眉敖，益公至，告。二月，

---

〔註113〕陳槃云：「西申同化于戎，故亦曰申戎。」《春秋大事表列國爵姓及存滅表譔異》p308。

〔註114〕《三代》11.19 收有同銘之拓片，分列爲 11.19.3；11.19.4，並定名爲「尊」，據卷首之說明，兩者一爲器銘，一爲蓋銘。據《中國青銅器全集》西周 2 編號 148 之〈矢王壺〉拓片，知《三代》11.19.4 即《全集》之〈矢王壺〉。此器現藏上海博物館。過去或定名爲「卣」，吳鎭烽、王世民一時失察，誤以爲分別有矢王之尊、卣。而《集成》則同於《周金文存》歸於「觶」。吳說見：《金文人名匯編》p57，中華書局 1985 年。王說見：〈西周春秋金文中的諸侯爵稱〉，《歷史研究》1983 年 3 期。

眉敖至，見，獻貝。己未，王命中（仲）致歸（饋）爯白（伯）繇
（羔）裘。〔註115〕王若曰：「爯白（伯），朕丕顯且（祖）玟、珷，
雁（應）受大命，乃且（祖）克辪（弼）〔註116〕先王，異自它邦，
〔註117〕有席（拓？）于大命，〔註118〕我亦弗啻亯邦，易（錫）女
（汝）繇（羔）裘，爯白（伯）拜手頴首天子休，弗望（忘）小裔
（裔？）邦，歸敢對揚天子丕杯魯休，用乍朕皇考武爯幾王隩簋，
用好（孝）宗朝（廟），亯夙夕，好佣（朋）友，雩百者（諸）聞（婚）
遘（媾），用旆（祈）屯（純）彔（祿）、永命、魯壽、子孫。歸其
邁年用亯于宗室。（《集成》4331，圖二、103）

9. 〈彔伯𤏆簋〉：隹王正月，辰在庚寅，王若曰：「彔白（伯）𤏆，繇（猶），
自乃（厥）且（祖）考又（有）勞（勞）于周邦，右（佑）闢四方，
重（惠）龏（長）大令，女（汝）肇不墜，余易（錫）女（汝）瑪
罰卣、金車、桼（漆）壽（幬）較、桼（漆）龏、朱虢（鞹）、靳虎
冟、窠裏、金甬、畫聞（輯）、金厄（軛）、畫轉、馬四匹、鋚勒。」

---

〔註115〕 簋銘中的繇字作𤔲，過去或釋爲「像」，不確。《金文編》列於附錄 36 號。蔡
哲茂指出其右半是从「係」而來的字，其下是足部的訛變，左半从「人」是
疊加的意符，即「繇」字，繇裘可讀爲羔裘。說見〈釋繇〉，《中國古代の文
字と文化》，汲古書院平成 11 年（1999 年）。

〔註116〕 參黃德寬：〈釋金文𨑃字〉，《容庚先生百年誕辰紀念文集》，廣東人民出版社
1998 年。

〔註117〕 「異自它邦」的「異」也可能不是用爲「輔助」之意的「翼」，而是虛詞性的
「異」。「異」字的虛詞性用法，參裘錫圭：〈卜辭「異」字和詩、書裏的「式」
字〉，《中國語言學報》第 1 期 1983 年。復收於《古文字論集》，中華書局 1992
年。

〔註118〕 「席」字，于省吾認爲即《說文·四上丙部》訓爲「相當地」的「爾」字，
楊樹達並同此說。按，「席」字楚簡从竹从石（參《楚系簡帛文字編》），秦簡
與《說文》小篆並作「席」（參張守中《睡虎地秦簡文字編》7.11 席字條、《說
文·七下巾部》）。席即秦簡、《說文》席字所从，而楚簡从「石」（席从石聲），
故頗疑「席」有近於「石」的讀音，在此或可讀爲「拓」（席、拓音義相關）。
「拓」有「開闢」之意，而銘文中所說文、武所受之命即「殪戎殷」（參第二
章附論註 186），「有席于大命」可能是說眉敖的祖先對武王克殷之天命的完
成，有開闢佑助之功的意思，這與「牧誓八國」的歷史情境基本也是相合的
（眉之先祖即牧誓八國之微，參第四章第四節註 170）。上舉于說見：《雙劍
誃吉金文選》卷上之三葉七，楊說見：《積微居金文說·爯伯簋再跋》，「石」、
「拓」、「席」的意義關係參李家浩：〈秦漢簡帛文字詞語雜釋〉，《第二屆國際
暨第四屆全國訓詁學學術研討會論文集》，1998 年台灣師大。

彔白（伯）致敢拜手頴首，對揚天子丕顯休，用乍朕皇考釐王寶障簋，余其邁（萬）年寶用，子＝孫＝其帥井（型），受茲休。（《集成》4302，圖二、104）

10.〈𣄈王盉〉：𣄈王乍姬㮚盉（《集成》9411，圖二、123）

11.〈白王盉〉：白王𣄈乍寶盉其萬年子＝孫＝其永寶用（《集成》9441，圖二、124）

12.〈買王卣〉：買王罘乍障彝（《集成》5252，圖二、125）

13.〈𣄈王彝〉：𣄈王乍旅（《積古》5.24，圖二、126）

14.〈昆（？）疕王鐘〉：昆（？）疕王員乍龢鐘其萬年子孫永寶（《集成》46，圖二、127）

另外常被提及的「某王」，但其實是誤釋的有：〔註119〕

15.〈豐土斧〉：瓚（《集成》11774，圖二、128）

還有二件與「某王」有關的例子：

16.〈戎佩（？）王（？）卣〉：戎佩（？）王（？）乓（厥）父宗彝㦰（《集成》5324，圖二、129）（有同銘之尊見《集成》5916）（東周稱王之例從略）〔註120〕

17.〈窯簋〉：又（旣？）乓（厥）師眉𡢎王爲周窯，（？）易（錫）貝五朋，用爲寶器，鼎三簋二，其用亯于乓（厥）帝（嫡）考。（《集成》4097，圖二、130）（有同銘之鼎，見《集成》2705）

先對15、16、17加以說明。〈豐王斧〉，陳槃、黃盛璋、王明珂、王世民等人皆謂即見於《史記·秦本紀》：「以女弟繆嬴爲豐王妻」之「豐王」。〔註121〕

---

〔註119〕陳槃曾舉〈伯矩鼎〉（《集成》2456）認爲有「音王」之稱。按，其銘文作「伯矩乍寶彝用言（音——饗）王出納使人」，王明珂由金文辭例指出「此音字應爲饗之省……故音王應不存在。」王氏之說是正確的。陳說見：《春秋大事表列國爵姓及存滅表譔異》p71。王說見：〈西周矢國考〉注91，《大陸雜誌》75卷2期，1987年。

〔註120〕盛冬鈴曾舉《西甲》13.1（原文誤作3.1）之〈吳王御士叔緐簋〉（《西甲》原作〈叔綏簋〉）爲例，認爲亦是西周「某王」之例。按，《西甲》即云「此爲壽夢以後之器無疑」，應是正確的。此器1957年於北京海淀區發現，參〈海淀區發現春秋時代銅器〉，《文物參考資料》1958年5期，拓片見《集成》4527。盛說見：〈西周銅器銘文中的人名及其對斷代的意義〉，《文史》17輯，1983年。

〔註121〕陳槃、王明珂之說見於註119所舉，黃盛璋：〈長安鎬京地區西周墓新出銅器

按，依〈豐王斧〉而得出西周有「豐王」之號，實因誤解材料所致。斧銘中的字从豐从王（左右並列），王字明顯小於豐字，故當釋爲「瓄」，相同的字形亦見於《集成》11848～11850，此三器過去普遍依《三代》的看法，認爲是鋪首，《集成》則定爲銅泡。〔註122〕唐蘭考釋〈利簋〉時曾云：

> 在西周金文中常見的有玟、珷、瓄字。玟、珷兩字指文王、武王，瓄字見於門鋪……（文王）在受命六年時，把最大的敵人崇國滅了，因而作了豐邑，就自稱爲文王，那麼玟字和瓄字應當就是文王時創造的，武王時又用這種形式創造了珷字。〔註123〕

暫且不論《集成》11848～11850 是鋪首還是銅泡，11848 的這一件也是「王」明顯小於「豐」。11850 的字形雖然是將「瓄」字分作上下書寫（上豐下王），但這種情形亦見於甲骨文，如《合》32900 即將常見的「自般」的「般」字上下分書（上月下𠉣），故與同類器比較起來，11850 作上下分書看似二個字的豐王，仍應釋爲一個字——「瓄」，《集成》11845～11847 不从「王」的〈豐銅泡〉正可作爲佐證。總之，過去將斧銘釋讀爲「豐王」，並不可信，西周銅器中並沒有「豐王」這個「王」（〈豐王斧〉應正名爲〈瓄斧〉）。而〈秦本紀〉中的「豐王」，其時代是在宣、幽之際，瀧川氏《考證》引周廣業之說，認爲是「戎王之號」，張政烺復有所補充，認爲「豐」或爲妊姓，其說云：

> 《史記・秦本紀》：「襄公元年，以女弟繆嬴爲豐王妻」，下文又有文公「二十七年，伐南山大梓、豐、大特」，這個豐大約在今寶雞市以南渭水南岸不很遠的地方。古籍中缺乏有關於豐的記載，不知其何姓。1976 年 3 月臨潼與陳侯簋同坑出土的有王作豐妊盉：
>
> > 王作豐妊單寶盤盉……
>
> 按銅器銘文與此文例相同者有番妃鬲：
>
> > 王作番妃齊鬲……
>
> 周金文中直言王者皆指周王，乃姬姓天下之大宗。番國妃姓見前引番匊生壺，試與王作豐妊盉對讀，豐妊盉妊姓女子出自豐國，因此揣測豐王或是妊姓。〔註124〕（以下簡稱〈張文〉）

---

群探〉，《文物》1987 年 1 期。王世民：〈西周春秋金文中的諸侯爵稱〉，《歷史研究》1983 年 3 期。
〔註122〕《三代》18.33.3、18.34.1 認爲是鋪首。《集成》名爲〈豐王銅泡〉。
〔註123〕唐蘭：《西周青銅器銘文分代史徵》p7，文物出版社 1986 年。
〔註124〕張政烺：〈矢王簋蓋跋——評王國維《古諸侯稱王說》〉，《古文字研究》13 輯，

總之，西周銅器未見「豐王」之名號，《史記》所言之豐王，其性質大約屬於「戎王之號」，二者並無關聯。

16 爲 1981 年陝西花園村 15 號墓出土，簡報稱爲〈戎佩玉人卣〉，〔註125〕由於該器文字草率，第 3 字似王，又似玉，李學勤謹慎無釋，〔註126〕黃盛璋則釋爲「王」，〔註127〕第 4 字據同銘之尊似可釋爲「厥」（黃盛璋缺而無釋）。末一字當即在本章第一節〈多友鼎〉中所說可讀爲「造」的那個字。如果銘文的第三個字可釋爲「王」，則是西周「某王」的一條新材料。不過就算此器的第三個字確爲「王」，其性質應屬於「戎王之號」，是大致不錯的。

17 銘的首句該怎麼釋讀是一個費解的問題，《集成》依傳統名之爲〈窑簋〉，應是將窑字連下句讀，視爲人名。唐蘭、馬承源雖然都依吳大澂之說將窑讀爲客，並將客連上句讀，〔註128〕但首句的讀法仍不相同，唐蘭名之爲〈眉能王簋〉，首句讀爲「兄（祝）人師眉能王爲周客」，〔註129〕並意譯爲「兄氏族，作周王朝師的官的眉能王作爲周王朝的賓客」，並據「帝考」作爲稱王之輔助證據。馬承源名之爲〈師眉簋〉，首句讀爲「覭垗（厥）師眉，薦王爲周客」，意爲「師眉薦于王爲周客，王覭惠之」。〔註130〕

按，銘文的第 1、5、9 三字，《金文編》皆列於附錄，視爲未識字（分見於第 382 號、698 號、329 號）。首字與𢦏（覭，見〈保卣〉）形近，但在此也可能並不讀覭，第 2 字與銘文末之「垗」同形，當釋爲垗。第 5 字（以下用△表示）不論是釋爲能，或釋爲薦（薦）、見（《愙齋》釋見），皆不可信。姑且不論「△王」是否爲西周之「某王」，如果把窑讀爲客，則唐蘭之說顯然不可信。因爲師已是周王（或周王朝）的職官，把他又視作周王（或周王朝）的賓客，這顯然是有矛盾的。「帝考」一辭亦見於〈□叔買簋〉（《集成》4129）、〈仲師父鼎〉（《集成》2743、2744），裘錫圭已據甲骨、金文和文獻中「帝」字的用法，指出「上

中華書局 1986 年。

〔註125〕〈西周鎬京附近部分墓葬發掘簡報〉，《文物》1986 年 1 期。

〔註126〕李學勤：〈論長安花園村兩墓青銅器〉，《文物》1986 年 1 期。

〔註127〕黃盛璋：〈長安鎬京地區西周墓新出銅器群初探〉，《文物》1986 年 1 期。

〔註128〕吳大澂說見：《愙齋集古錄釋文賸稿》上冊〈周愙鼎〉，此據《丁佛言手批愙齋集古錄》所附《愙齋集古錄釋文賸稿》上冊頁十四，天津古籍書店影印本，1990 年 8 月。

〔註129〕唐蘭：《西周青銅器銘文分代史徵》p339～340，中華書局 1986 年。

〔註130〕馬承源：《商周青銅器銘文選》Ⅲp236，文物出版社 1988 年。

帝的『帝』跟用來稱嫡考的『帝』，是由一語分化的。」〔註 131〕所以「帝（嫡）考」亦不能作爲銘文中有「某王」之證據。總之，17 銘之首句雖然曾被視爲西周之「某王」，但並沒有明顯的證據可支持這個說法。本文在此僅作必要的說明，以下討論到西周「某王」的情形，此銘將不列入考慮。

上舉 1～14，1～7 有較多可供聯結的銘文資料，暫歸爲一類，8～14 屬另一類。先說後者。8 器銘文中「眉敖」的「眉」即是「牧誓八國」中的微，這點應不成問題。但「眉」（微）的地理位置在那裏，學界看法並不一致。眉的君長稱「□伯」，1972 年甘肅姚家河墓葬出土銅器中有〈□叔鼎〉（《集成》1733），〔註 132〕許多學者據此認爲西周時的「眉」（微）可能在甘肅一帶。不過，主張這種說法的學者並未對「□伯」爲何會有「楚式」「敖」的稱法提出解釋，所以西周時的「眉」（微）仍有可能是荊楚一帶的方國，其具體位置在那裏，仍有待進一步研究。9 器與陝西莊白村伯㦰諸器無關，這點在第四章第四節中已經說過了。由其銘文來看，彔伯㦰的先祖以至於彔伯㦰都是臣服於西周的，彔伯㦰應是外邦君長，這幾點應是可以確定的。彔地不詳。傳世有〈□君鼎〉（《集成》2502），未詳與 14 之「昆（？）疕王」是否有關。10～14 器中的「某王」銅器銘文簡略，其與西周之關係如何，不易確知。

8、9 兩器皆傳世器，所顯示的訊息較多，也較明確，可供進一步探討。王國維曾據此提出「諸侯並有稱王之俗」的說法，云：

> 二器皆紀王命，並稱其祖考有勞于周邦，則非不臣之國，又非周之子弟分封於外者，而並稱其考爲王，可見當時諸侯並有稱王之俗。〔註 133〕

王氏所言「諸侯稱王之俗」，或可與商甲骨文中的「某王」相參照。商代有非王室而稱王的情況，蔡哲茂曾舉嬰（□）王爲例，云：

> 卜辭中提到戍□與戍征二人比嬰王（按，見於《合》6），《說文》戍下云「守邊也」，卜辭上的「戍某」是一種武官，陳夢家很早就指出卜辭「戍與馬、衛等官名並舉，戍也是官名」……卜辭令某比某大抵爲征伐之事，因此嬰王爲殷邊境之小國君長，意義就很清楚。「嬰」

〔註 131〕裘錫圭：〈關于商代的宗族組織與貴族和平民兩個階級的初步研究〉，《文史》17 輯，1983 年，復收於《古代文史研究新探》，江蘇古籍出版社 1992 年。

〔註 132〕〈甘肅靈台縣兩周墓葬〉，《考古》1976 年 1 期。

〔註 133〕王國維：〈散氏盤考釋〉，《古史新證——王國維最後的講義》p100，清華大學出版社 1994 年。

見於卜辭尚有以下數例，如：

　　貞：今日㘝不其至？（《合》4603（引按，爲 4605 之誤））

　　壬寅卜貞：今日㘝至？十月（《合》4606）

　　貞：惠㘝令□方□（《合》4607）

卜辭言㘝至商都，又有令㘝之事，可知㘝雖爲邊境上小國，但仍服
屬於商王朝。〔註134〕

蔡氏所說諸侯稱王的情形，較王氏之說更爲具體，其所言服屬於土朝的情況，
對 8、9 兩器來說也是合適的。或許 10～14 器也可以這樣來理解。〔註135〕對
第一類 1～7 器是否也是如此呢？

　　1～5 中的「矢」，盧連成、尹盛平、劉啓益先後據其器所出之地，並參照
其他「矢」器的出土地點，認爲矢國的地望應在今隴縣、千陽、寶雞縣賈村
一帶，汧水是流經古矢國境內最主要的一條河流，〔註136〕此說普遍爲學界所
接受。但矢國爲姜姓或姬姓，學界的看法則頗爲分歧。筆者認爲張政烺、黃
盛璋的「姜姓說」是較合理可信的。張政烺對 3 器中的「奠姜」，和「散」爲
姬姓、「矢」爲姜姓都有清楚的說明，〈張文〉云：

矢王簋蓋從紋飾看，蓋周夷王前後之物，〔註137〕在周宣王二十二年
封其弟友于鄭（即鄭桓公）之前，所以這個鄭和陝西省華縣之鄭、
河南省新鄭縣之鄭似無關係……典籍不見鄭爲姜姓的記載，我看奠
姜不是鄭之姜女，而是姜姓女子之嫁于鄭者。姜姓之女嫁于鄭而稱

〔註134〕蔡哲茂：〈商代稱王問題的檢討——甲骨文某王與王某身分的分析〉，《國立歷
　　　　史博物館館刊》3 卷 3 期，1990 年。

〔註135〕蒙文通云：「金文僭有王號而莫可考者甚眾，自皆爲夷狄。」說見《周秦少
　　　　數民族研究》p18 上海龍門聯合書局 1958 年。按，若是嚴格一點來說，11
　　　　～14 之「某王」，金文各僅一見，其與西周之關係仍不明。10 器中「王」
　　　　的前一字尚見於〈靜簋〉（《集成》4273），爲周王會射中的人名。10 器，《集
　　　　成》定中期器，並云爲 Brundage 所藏。據該氏藏品著錄，亦定爲中期器。
　　　　推想 10 器中的「爨王」大概與〈靜簋〉所記是同一人，銘文中的「爨王」，
　　　　大概與 8、9 屬同一類，是服屬於西周的小邦君長。10 器參《BRONZE
　　　　VESSELS OF ANCIENT CHINA IN THE AVERY BRUNDAGE
　　　　COLLECTION》p96，1977 年。

〔註136〕盧連成、尹盛平：〈古矢國遺址、墓地調查記〉，《文物》1982 年 2 期。劉啓
　　　　益：〈西周矢國銅器的新發現與有關的歷史地理問題〉，《考古與文物》1987
　　　　年 3 期。

〔註137〕原報導定在西周中期，參〈寶雞縣賈村發現矢王簋蓋等青銅器〉，《文物》1984
　　　　年 4 期。盧、尹二氏在上舉文中定爲夷、厲之間。

鄭姜，這樣稱呼起源甚古，在西周、春秋時極爲習慣。

並經由媵器的比對，認爲：

> 矢王簋蓋應是矢王所作以媵矢女之適于鄭者，無論如何，矢王姓姜
> 當無問題……按「散」常見于古代的姓氏書中，但無言其爲何姓者，
> 現在也可以利用上舉銅器銘文爲例，加以推測。

> > 散季簋：散季肇作朕王母叔姜寶簋。散季其萬年子子孫孫永
> > 寶用。（嘯堂下 52（引按，即《集成》4126））

> 這是散季爲其祖母叔姜作的祭器，可見散氏決不姓姜。

> > 散伯簋：散伯作矢姬簋，其萬年永用。《雙劍誃古器物圖錄》
> > 上 24（引按，簋銘見於《集成》3777～3780）

> 這和前舉陳侯簋等六器以及矢王簋蓋相合，可知散氏必定是姬姓。
> 王國維〈散氏盤考釋〉（在《觀堂古金文考釋五種》中）曾謂此簋『蓋
> 散伯嫁女于矢所作之媵器，知矢散二國相爲婚姻』，其說是也。

黃盛璋的說法亦可爲散爲姬姓之補充，其文云：

> 傳世有散姬鼎：「散姬作尊鼎」（三代 2.51.1）（引按，即《集成》2029）
> 散姬與矢姬必定有一爲散國之女，不管那一個都可以肯定散爲姬
> 姓。〔註138〕

由於對〈散伯簋〉和〈散姬鼎〉中「矢姬」、「散姬」理解的不同，學者又有
散必定非姬姓，而矢必定爲姬姓的說法，如李仲操對〈散伯簋〉、〈散姬鼎〉
的理解是：

> （散姬鼎）這類婦女稱謂都是在女姓前冠以所適國之國名，亦即「夫
> 國本姓」，則此「散姬」必是姬姓女子嫁于散者。散與姬姓通婚，顯
> 然散不是姬姓。散伯簋稱「矢姬」，則散伯與矢姬不同姓，故知散伯
> 不是矢姬的父親，那麼他當是矢姬的丈夫。故斷定散伯簋是丈夫爲妻
> 作器……夫對妻的稱謂是稱妻的母國本姓，則「矢姬」是矢國姬姓女
> 子。由此可知矢是姬姓國。反之，如果把散伯簋定爲父給女作器，則
> 散就成爲姬姓，這和散姬鼎是有矛盾的，故不能成立。〔註139〕

---

〔註138〕黃盛璋：〈銅器銘文宜、虞、矢的地望及其與吳國關係〉，《考古學報》1983
年 3 期。

〔註139〕李仲操：〈兩周金文中的婦女稱謂〉，《古文字研究》18 輯，中華書局 1992 年。
曹定雲並同此看法，說見：〈周代金文中女子稱謂類型研究〉，《考古》1999
年 6 期、〈西周矢國考〉，《出土文獻研究》第五集，科學出版社 1999 年。又，

按，李氏以散非姬姓的說法中，最關鍵的地方是「夫對妻的稱謂是稱妻的母國本姓」，但這種說法是否爲當時的通例，則仍有待進一步考慮，李學勤即指出：

氏加姓是女名最常見的形式。稱母氏還是稱夫氏，視所用場合而決定。母氏加姓，如王姬、杞姒；夫氏加姓，如王姜、王嬀。在氏、姓之間，可加以伯（孟）、仲、叔、季排行，如《左傳》周有紀季姜，紀是母氏；金文有王仲嬀，王是夫氏。〔註 140〕

究竟是什麼場合用母氏、什麼場合用夫氏，仍有待進一步研究。但女子稱謂同時存在有加母（父）姓和加夫姓兩種情形則是可以確定的，這兩種情形在金文中都有其例，如〈魯姬鬲〉：「魯姬乍尊鬲永寶用」（《集成》593）正與文獻中的「王姬」文例相同，且鬲銘是明確以母國本姓來自稱。上舉之 6，呂爲姜姓是很明確的，而內（芮），據《左傳・桓公三年》疏引《世本》，芮爲姬姓，則 6 器應是呂王爲其妻所作之器。所以，將「夫對妻的稱謂是稱妻的母國本姓」作爲普遍原則，把「夨姬」說成是散伯對其妻的稱謂，並非完全可信。那麼把「夨姬」說成是散伯對其女的稱呼是否可信呢？試把〈散伯簋〉銘文和〈魯大司徒子仲伯匜〉作比較：

魯大嗣徒子仲白（伯）乍其庶女礪孟姬賸（媵）匜……（《集成》10277）

散伯乍夨姬簋

匜銘中的「礪」，郭沫若云：

礪即厲之繁文，从石與从厂同意，从邁省聲與萬聲同。在此乃孟姬所適之國名。〔註 141〕

其說甚是。魯爲姬姓，匜銘中有「厲」，爲孟姬所適之國，正與〈散伯簋〉銘中前有「散」，後有「夨」的情形相同，所以簋銘所記當如王國維、張政烺所說，爲媵女之器，故簋銘中的「姬」，正是「散」之姓，猶如匜銘中的「姬」爲魯之姓。那麼已知散、夨通婚，故二者應不得爲同姓，在散非姜姓的情況

註 136 所引劉啓益之文和主張「太伯奔吳」之「吳」即是「夨」的學者，亦以夨爲姬姓。註 136 所引盧連成、尹盛平之文並同。後尹盛平於〈先周文化的初步研究〉一文中則認爲夨爲姜姓，文載《文物》1984 年 7 期。

〔註 140〕李學勤：《失落的文明》p140，上海文藝出版社 1997 年。

〔註 141〕《大系考釋》頁 196。又，「石」作爲偏旁時可省作「厂」，董蓮池云：「『石』由初文『𠪚』變爲『石』之後，用作偏旁常喜省去『口』，如《說文》『席』之古文作『𡇳』，九年衛鼎『席』作『𢂑』，曾侯乙墓竹簡『篅』所从『席』作『[illegible]』，均从石省聲。」董說見：《金文編校補》p274，華東師範大學出版社 1995 年。

下，正如同黃盛璋所說，「夨姬」、「散姬」必定有一為散國之女，而由匜銘的比較可知，「夨姬」應為散國之女。至於「散姬」，已知散為姬姓，所以「散姬」應該不是嫁予散國之姬姓女子，而是與上舉之〈魯姬鬲〉相同，是以母國本姓自稱的例子。

弄清楚〈散伯簋〉、〈散姬鼎〉中的「夨姬」、「散姬」之後，再回頭來看〈夨王簋蓋〉中的「奠姜」就比較容易理解了。〈夨王簋〉的銘文與上舉匜銘，和〈散伯簋〉的形式相同，都是前有某（國）而後有另一國＋某姓，所以其後的另一國應是該銘中女子所適之國，其後之姓，即是銘文開頭中某（國）之姓。總之，在無其他證據顯示夨為姬姓，奠為姜姓的情形下，〈散伯簋〉和〈夨王簋蓋〉所記之事，仍應理解為媵女所作是較為合適的。故「夨」為姜姓的說法是較為可信的。

1、2 兩器的時代一般認為是西周早期器，4 為中期器，3、5 分別為中期偏晚和晚期器，則姜姓之「夨」，自西周早期以至於晚期都有自稱為「王」的情形。而由 4 器來看，其賞賜銘文與周王室的情形也幾乎沒有不同，說明夨應是一個「高度」華夏化的邦國。

6、7 兩器一般認為是西周晚期器，「呂王」之稱尚見於春秋時之

〈㼰鐘〉：……余呂王之孫，楚城（成）王之㽅（明）僕〔註142〕

〈郘王劍〉：郘王□自乍用鐱（劍）（《集成》11611）

據上舉《國語・周語》，呂屬姜姓。周初之太公望呂尚，《史記・齊世家》即云為姜姓呂氏。西周時呂之所在，過去皆據《詩經・大雅・崧高》、《史記・齊世家》索隱，認為是在河南南陽一帶。王世民據甘肅西嶺出土，年代約在穆王前後或稍早的〈呂姜簋〉（《集成》3348），認為西周時的呂本在甘肅一帶，河南南陽所見的呂是東遷後的呂，〔註143〕王明珂復補充云：

---

〔註142〕〈㼰鐘〉為河南淅川下寺 M10 墓出土，著錄於《河南淅川下寺春秋楚墓》，文物出版社 1991 年。有同銘之鎛。銘文中的「㽅」字，同書中所附趙世綱：〈淅川下寺春秋楚墓青銅器銘文考索〉釋讀為「盟」，「『楚成王之盟僕』，意思是㼰是楚成王之與國。」馮勝君云「㽅，當讀為明……㽅（明）僕，意謂『得力之臣僕』。」按，馮氏之說較長，但他並沒有說明為何「明」有「得力」之意。「明」有「良善」（好的）之意，如「明駝」是善走的駱駝（〈樂府・木蘭詩〉），「明將」是良將（《漢書・宣帝紀》），所以「㽅（明）僕」猶言「良僕」。上舉馮說見：〈㼰鐘銘文解釋〉，《吉林大學古籍整理研究所建所十五周年紀念文集》，吉林大學出版社 1998 年。

〔註143〕王世民：〈西周春秋金文中的諸侯爵稱〉，《歷史研究》1983 年 3 期。〈呂姜簋〉

呂王**匬**銘：『呂王**匬**乍**穴**姬蹲壺……』，（內）姬爲姬姓國之女，金文內即芮國。左傳桓公三年疏引〔世本〕謂芮爲姬姓；詩桑柔正義引鄭玄書序注：「芮伯，周同姓，國在畿內」，可證明芮國爲陝西之姬姓國。傳世器有芮公簋，〔金文分城篇〕列此器於陝西大荔縣。近年陝西武功又有內叔**𡕛**父簋出土，亦證明芮國在陝西。姬姓芮國既在陝西，與之通婚的呂王應離之不遠，靈台西嶺的西周墓所出呂姜之簋，應有助於探索此稱王之呂的地望。〔註144〕

西周時在陝西、甘肅一帶有姜姓之呂，應是可信的。1943年在陝西鎬京附近即出土有西周晚期之〈呂季姜壺〉〔註145〕（《集成》9610～9611）。相傳姜太公干文王於渭水之上（《呂氏春秋・首時》），或云即在茲泉，《史記・齊太公世家》正義引《括地志》云：「茲泉水，源出岐州岐山縣西南凡谷。」姜太公亦應爲羌人，陝西一帶本即羌人分布之區域，所以呂氏應該就在陝西、甘肅一帶。〈班簋〉銘文中記載穆王在宗周令毛公伐東國瘖戎時，呂伯亦是受命者之一。穆王時的〈靜簋〉中有呂剛與工會射於大池，呂剛一般認爲即〈班簋〉中之呂伯。《國語・鄭語》記幽王時廢太子宜臼之事，云：「繪與西戎方將德申，申、呂方強，其隩愛太子亦必可知也。」《國語》中的申指西申，申、西戎、呂並舉，則呂當在周人之西，這與〈呂姜簋〉出土於甘肅靈台縣西嶺的方位基本上也是相合的。值得注意的是，銅器銘文中所見的「呂王」，是在西周晚期以至於春秋，這與西周晚期稱「申、呂方強」的時間大致是吻合的。至於宣王南遷至河南南陽一帶的呂，或以爲是本在山西呂梁山一帶的呂，〔註146〕此說恐不可信。因爲據上舉之〈馭鐘〉，南陽一帶的呂應該與西周時在陝甘一帶的呂有關。

以上所討論的矢王、呂王都是姜姓氏族稱王的實例。

將上述的西周稱王銅器綜合起來看。王國維對商周非王室而稱王的情形，認爲於其境內自稱王，並非特異之事，云：

> 世疑文王受命稱王，不知諸侯於境內稱王，與稱君稱公無異……蓋古時天澤之分未嚴，諸侯在其國，自有稱王之俗，即徐、楚、吳、楚（越之誤）之稱王者，亦沿周初舊習，不得書以僭竊目之。苟知

的年代參〈甘肅靈台縣兩周墓葬〉，《考古》1976年1期。
〔註144〕王明珂：〈西周矢國考〉，《大陸雜誌》75卷2期，1987年。
〔註145〕〈呂季姜醴壺〉，《文物》1982年10期。
〔註146〕徐少華：〈呂國銅器及其歷史地理探疑〉，《中原文物》1996年4期。

此，則無怪乎文王受命稱王而仍服事殷矣。〔註147〕

王世民贊同王氏之說，云：

> 將西周金文中稱王的一些人物，理解爲同周天子並無受封和統屬關係的「他邦」君長，即包括某以姬、姜在內的氐羌首領，應該是比較適宜的。在當時並未形成後世那種大一統局面的情況下，屬于「他邦」異族的首領，既在其國內稱王，又同周邦保持臣屬關係，完全合乎歷史發展的客觀規律。從這個意義上說來，王國維〈古諸侯稱王說〉的看法可說是基本正確。〔註148〕

〈張文〉對此則批評云：

> 王氏用史學破經學，主意是好的，可惜證據不多，下結論太容易了。其實，周時稱王者皆異姓之國，處邊遠之地，其與周之關係若即若離，時親時叛，而非周室封建之諸侯。文王受命稱王，其子孫分封天下，絕無稱王之事。周之同姓而稱王者只一吳王。吳之開國史很不清楚，泰伯、仲雍避位何必遠走天涯？由岐山下到太湖濱，未免謙遜過頭了。各書記載皆強調二人「文身斷髮」，則是已經徹底「蠻化」了。處蠻夷之間，位不尊則權威輕，不能鎮伏百越，甚至不能自保，稱王由于客觀需要，而不關「天澤」或「僭竊」問題，也並非「沿周初舊習」。古代同姓不婚，而吳則否……韓愈〈原道〉：「孔子之作《春秋》也，諸侯用夷禮則夷之」，吳正是這樣一個標本，也就不必以常理論了。

〈張文〉對於姜姓矢國稱王的情形則云：

> 現在我們知道矢王姓姜，蓋出于羌，與周不同姓，則稱王是姜姓的舊俗，由承襲而來，非僭王號，也不是由于周王的錫命……蓋矢是古國，當周人勢力大時則降稱伯，及周人勢力向東方轉移，舊的思想不忘復辟，則又稱王。

按，〈張文〉對王國維之說的批評確切中肯，然猶有可補充修正者。由上文所討論稱王的銅器銘文來看，並不存在如王世民所說的姬姓諸侯，且11〜14並無明確的臣屬關係，而姜姓之矢、呂和〈秦本紀〉中豐王稱王的情形，也不完全如〈張文〉所說「處邊遠之地」（寶雞一帶在周原附近）。所以西周諸侯

---

〔註147〕王國維：〈古諸侯稱王說〉，《觀堂別集》卷一。
〔註148〕王世民：〈西周春秋金文中的諸侯爵稱〉，《歷史研究》1983年3期。

稱王所反映的歷史情境仍應重新考量。根據上文中對每個稱王情形的個別討論，情況大致可分析出三個要素，並依所符合的不同要素，分為三大類：

A 其地不詳，種姓不詳，與西周之關係不詳：

 a 白王

 b 買王

 c 𣪠王

 d 昆（？）㠂王

 e（戎佩（？）王（？），可能為西戎）

 f 豐王（大致知道居處地，應為西戎）

B 其地不確定，種姓不詳，臣服於西周：

 g 武爯幾王

 h 氂王

 i（䜌王）

C 大致知道居處地，種姓明確，臣服於西周：

 j 呂王（姜姓）

 k 矢王（姜姓，可能臣服）

e 不能確定是否為「王」，可略而不論。a～d 的情形所知甚少，其稱王的原因，可能是分別為某方國或部族的首領，但這並不表示所有諸侯皆可以稱王，相反地，其所以稱王的原因可能正是因為與西周沒有臣屬關係。f 似為妊姓的西戎部落，據上舉《國語‧周語》，妊姓為周王室之「舊」，這點與姜姓是相同。其地在周原附近，其所以稱王的性質可能與同在周原附近的矢相近。g、h 雖然有某王的稱號，但其自稱都是「伯」，且其先祖對周王朝都有輔助之功，所以其有王號的原因，應是與其本身為方國的首領有關，這點與 a～d 稱王的原因，在本質上是相近的。j、k 雖同為姜姓，但 j 有明確在王室供職的記載，k 則沒有，且 k 在西周的早、中、晚都有稱王的例證，上引〈張文〉中對 k 稱王的解釋是很值得參考的。不過由 4、5 二銘文來看，西周中、晚期矢已是一個高度「華夏化」的邦國，若是單由「姜姓的舊俗」來理解，似乎並不是很充分，因為這樣並不能解釋為何同為姜姓的呂會遲至西周晚期始稱王。值得注意的是，j、k 的主要差別在於是否在王室供職，也就是說，該邦國的君長是否有在王朝供職，可能才是決定該國君長是否稱王的因素。若是用此一觀點來檢驗 a～h 也是可以說得通的。甚至上溯至商代，以上文所說𥇛王的情

形爲例，羣王是邊境小邦的君長，由卜辭的內容乃卜問羣是不是會至商都，或是什麼時候至商都來看，他應該是沒有在王室供職的。

綜上所述，由西周金文中不同類型的邦國君長皆可稱王的情形來看，其沒有在王朝供職是一個較大的共同點。王國維「當時諸侯並有稱王之俗」的說法並非完全沒有道理，若是將「諸侯」略修正爲「邦國君長」，並加上一些制約的條件，或許就更爲完備，這些制約的條件包括：第一·這些邦國君長不是周王同姓（吳國要排除）。第二·沒有在王朝供職。不過，反過來說，同時具備這兩個條件者，未必一定就會稱王，其中王朝勢力的盛衰和邦國自己本身的因素，應該也有不定程度的影響。例如姜姓之呂，至少在穆王時仍在王朝供職，但要到晚期西周衰微之時始見稱王之事，而其他稱王的青銅器的時代，除了夨王、買王見於早期，其他都是中晚期，這與《史記·周本紀》所云周自穆王以後漸衰的情勢也是相符合的。而這些條件對商代稱王的情形應該也是合適的。至於東周以後各諸侯紛紛稱王，其原因與西周時情形不同，應區分開來，分別對待。

透過對西周時稱王的情形的了解，再回過頭來看姬、姜二姓的關係時，若以時間的先後加以陳述，大致呈現如下的情形：西周初期二姓關係良好，但漸漸地，一方面受到「華夏化」程度不同的影響，另一方面周王朝本身逐漸衰微，所以某些姜姓國雖然仍持續地「華夏化」，但政治上卻逐漸表現出邦國的獨立性，如夨王。而另外一些華夏化程度較低的姜姓部族，以其原有的「戎狄性」爲西周時「西土」的安定作出了貢獻，這點從成、康時對外關係主要表現在東進，昭王時主要在南征，穆王以後，王朝體制漸趨穩定，而對外關係卻是以西土爲重點的歷史大勢來看，應該就是很好的說明。但是當華夏化的程度差距過大時，姬姓周人與姜姓的關係就出現了變化，甚至就直接以「戎」來稱呼那些華夏化程度較低的姜姓部族，最後雙方甚至兵戎相見，而約在雙方關係漸趨破裂的同一時期，玁狁開始由西北方入侵，這對於姜姓在「西土」的重要性又是一次很好的說明。但晚期的周王似乎並未意識到這一點，不但原本在王朝供職的呂氏表現出政治上的獨立性（稱王），同時申、呂都表現出與幽王的對抗性（「申、呂方強，其隩愛太子亦必可知也」《國語·鄭語》），最後西周的滅亡，就其外來的因素來說，與其說是亡於犬戎，毋寧說是亡於姜姓部族。可以說賴於姜姓部族而興起的周人，在與姜姓部族的關係逐漸從忽視到兵戎相見的同時，雖然仍然依靠薄弱的聯姻關係維繫，但當

幽王切斷這最後的聯繫時，同時也切斷了西周的命脈。

# 本章結語

　　上古史中華夏與周邊外族的關係，向來是一大難題，特別是在這些外族沒有遺留文字記載的情況下，只能由中原國家的記載中整理出大致情形，但由於對史料理解的不同，往往會造成不同的古史面貌。在本章的討論中，盡可能的先對相關的文獻記載作整理和比較，對銅器銘文的各種異說先做出合理的解釋，並結合考古學家由考古文物所得出的認識，三者互相配合，希望能對西周時期西北一帶的情況有較清楚的認識。

　　考古學家透過對墓葬形式和出土文物的研究，已清楚地認識到「北方式」青銅器的文化雖然存在著某些共同的特性，但相對地，其中的差異性也是明顯的，隨著這類型墓葬的陸續發現，並根據其差異性，不同類型的「北方式」青銅器文化的區域界線也逐漸清晰。其中陝北的毛烏素沙漠可以說是北方狄文化與西方戎文化的主要界線。本章中討論的犬戎、玁狁，應該就是與古代「北方式」青銅器文化中的西戎文化有深厚關係的族群。

　　關於犬戎、玁狁，本章試先對文獻、青銅器銘文中有關玁狁的記載作整理，其中爭議最多，也最為關鍵的史料即是〈多友鼎〉。歷來的研究方法即是透過鼎銘中「京自」位置的確立，聯繫到文獻中的記載，藉此明確西周時玁狁的位置。本文遵循此一思路，對學者所提出西周時「京自」所在的說法做充分的討論。西周時所說的「京自」有二種意義，一是指公劉所都之「豳」，一是指西周諸王所都的鎬京，而鼎銘中所指的「京自」，透過對〈多友鼎〉兩軍交戰情形的討論，以鼎銘中的「京自」為「豳」的說法是合理可信的。連帶地，已往認為《詩經·小雅·六月》中的「焦穫」、「鎬」、「方」是玁狁已入侵之地，現在看來，也應該有所修正。另一方面，經由全面地對玁狁相關史料中地名的探討，玁狁的位置應該是在周人西北的涇河流域，延及周人之北的陝北一帶地區。

　　其次，西北一帶的外族名稱較為複雜，歷來的看法也頗為分歧。本文試在前輩學者研究的基礎上再加以疏理，除了贊同薰粥、鬼方、犬戎是不同部族的觀點之外，並認為犬戎與玁狁也不能等同起來。本文除了對過去將二者等同起來的理由提出質疑之外，並由文獻記載和銅器銘文中犬戎、玁狁的位

置來看，犬戎應在周人之西，玁狁則在周之西北，其分布區域是不同的。另外，由西周時與犬戎的關係來看，西周與犬戎的關係也有別於西周與玁狁的關係，至於玁狁是否爲犬戎的一支，則仍有待更多的材料才能進一步證實。西周的滅亡雖然與犬戎攻殺幽王有直接的關係，但將相關的史料綜合起來時，犬戎在其間所扮演的角色並不是主動的入侵者，而是申侯（西申）的「外援」，此一事件中廢后立嫡所佔的因素，應該是更爲重要的。在申侯聯結犬戎攻殺幽王此一歷史事件中，更爲深層的意義，可能就是姬、姜二姓關係的演變。

學者多謂姬姓周人與姜姓部族有深厚的關係。個人懷疑在周族淵源的傳說中，以姜姓女子爲其始祖后稷之母，或許也代表了周人標識出其與姜姓部族血緣關係的意義。在古公亶父傳位予季歷的過程中，或許也包含了季歷之母爲姜姓女子的政治性因素。另一方面，姬、姜二姓的世代聯姻，雖然表示出二者的親密關係，但隨著姜姓部族華夏化程度的不同，至西周中晚期，這種親密的聯姻關係漸趨表面化，孝王時立大駱之嫡的事件已見其端倪，宣王時出現姜戎、申戎的稱謂，周王並與之兵戎相見，正說明了這種微妙的變化。西周的銅器銘文中有「某王」的稱謂，姜姓的矢、呂赫然在其中。對於商、周時的「某王」，本文在前輩學者研究的基礎上，嘗試尋求更爲統一、合理的解釋，初步認爲其間所蘊藏的政治性因素，是這些異姓氏族的邦國君長稱王的主要因素之一，其中的「政治性」，或許可以其是否在王朝任職爲標識，異姓稱王所反映的歷史現象，或許可以用其政治的獨立性來理解，而這種獨立性並不表示其自絕於王朝之外，由商代𢀛王、西周時的〈彔伯𢀛簋〉、〈爯伯簋〉來看，這些稱王的諸侯仍然是服屬於當時的王朝，但其沒有在王朝任職的共同性，還是十分明確的。

有學者認爲，「由于主客觀的原因，周人在建國後沒有繼續執行聯合西戎的政策，與西戎的關係從忽視到破裂，最終亡于西戎之手，這個歷史教訓是深刻的」，〔註149〕其所說的「西戎」是包括了犬戎、玁狁、鬼方、姜姓部族，如果排除犬戎、玁狁、鬼方三者之後，這段話對姬、姜二姓的關係來說是合適的。這話也具體而微地反映出西周對「西土」經營的情形。

---

〔註149〕劉寶才、梁濤：〈周族與西戎〉，《人文雜志》1997 年 6 期。

# 第六章　西周對待已臣服者的政策

在前面的章節中，已經對西周擴展其疆域的過程，以及對四土的經營情況有所討論，本章試由另一個角度來對西周時的對外經略進行了解。武王克殷之後的殷人，過去或以唯物史觀的觀點，認爲多數是遭到降爲臣僕、奴隸的待遇；也有部分學者則持周人對待殷遺寬大的看法。隨著出土文物的日益增多，今之學者不但經由銅器銘文、周原甲骨對後說予以肯定，並更進一步認爲西周時殷人的際遇應該分爲臣服與未臣服二種情況，且這兩類殷人所受到的待遇是有所區別。後一說法應是較合理的。透過《逸周書·商誓》的記載，以及其它考古資料可對此說再略作補充。其次，由銅器銘文所見，淮夷、南淮夷，乃至於西土的戎狄對西周王朝有貢納之事，並且有爲數不少的「外族」受到周王朝的制約，或在王朝中有所職事，其具體的情形相較於殷遺問題而言，學界對此問題的關注顯得並不是很足夠。雖然對待殷遺和已臣服者的問題似乎不屬於「對外經略」的範圍，但由歷史延續的角度來看，如何對待已臣服者（或已被征服者）正是由「對外」轉化爲「對內」的一個重要關鍵。以下即試由此一角度分別對殷遺和其它臣服者在西周時的情況進行了解。

## 第一節　對待殷遺的政策

武王克殷之後，殷人在西周時的境遇如何，傅斯年、李民、楊善群、杜正勝等都曾先後對此問題進行討論，但看法並不一致。傅斯年云：

> 詰屈聱牙的周誥上明明記載周人對殷遺是用一種相當的懷柔的政策。

又云：

> 周人以這樣一個「臣妾之」之政策，固速成其王業，而殷民藉此亦
> 可延其不尊榮之生存。〔註1〕

楊善群、杜正勝循歷來注疏中所透露出的「懷柔政策」加以疏理，並區分出對於「敵對分子」的不同待遇，〔註2〕李民雖然也同意有「不同待遇」的存在，但認為：

> 入周以後，原來的殷民，甚至某些堅持反抗周人統治的殷貴族以及
> 原來殷與國的民眾，其中的很大一部分人已變成周人的「種族」奴
> 隸。〔註3〕（主張商、周為奴隸社會的學者皆持這種看法）

傳統「懷柔」的看法是較合於歷史面貌的說法，且可再作補充；楊、杜二氏區分出對於「敵對分子」有不同待遇的說法基本上應是可信的，仍可再進一步討論。而李民「降為臣僕」的說法雖不可取，但其所引例證中也有值得參考之處。底下乃就諸事分論之。

在對於已臣服的殷遺所採用的「懷柔政策」方面，學者據〈牆盤〉中微氏家族世代為周之史官，以及周原甲骨 31：2：「唯衣（殷）奚子來降，其執（縶）〔註4〕罘（眢）乓（厥）事，在旆爾卜曰：『南宮辝其乍』」、琉璃河 IM54 號墓〈亞盉〉：「■夨匽（燕）侯易（錫）亞貝，乍父乙寶障彝」（《集成》9439）等出土的文字材料，配合文獻，如《詩經・大雅・文王》：「商之孫子，其麗不億，上帝既命，侯于周服。侯服于周，天命靡常。殷士膚敏，裸將于京，厥作裸將，常服黼冔」等記載，對殷遺貴族在西周時繼續擔任職官的情形已有充分的說明。

另外，懷柔政策也表現在周人對殷人服飾、禮俗、刑法甚至是殷人飲酒習慣的尊重和寬大等方面。上舉傅氏之文中即有「雖取其統治權，而仍其舊來禮俗」之語。上引《詩》「常服黼冔」，毛傳云：「冔，殷冠也。」《禮記・王制》亦有：「殷人冔而祭」，這是對殷人服飾的尊重。在禮俗、刑法方面，如《逸周書・商誓》：

---

〔註1〕 傅斯年：〈周東封與殷遺民〉，《史語所集刊》4 本 3 分，1934 年。
〔註2〕 參楊善群：〈西周對待殷民的政策縷析〉，《人文雜志》1984 年 5 期。杜正勝：〈略論殷遺民的遭遇與地位〉，《史語所集刊》53 本 4 份，1982 年，後以〈殷遺民的遭遇與地位〉為題，收於《古代社會與國家》，允晨文化 1992 年。
〔註3〕 李民：〈《尚書》所見殷人入周後之境遇〉，《人文雜志》1984 年 5 期。
〔註4〕 「執」讀為「縶」，參徐中舒：〈周原甲骨初論〉，《四川大學學報叢刊》1982 年 10 輯《古文字研究論文集》。

今予維等祐爾，予爾屏，屏爾百姓，越爾庶義（儀）、庶刑。

在飲酒習慣方面，康王時的〈大盂鼎〉中，周人仍以殷人嗜酒亡國爲戒，鼎銘云：「我聞殷述（墜）命，隹殷邊侯、田（甸）、雩殷正百辟，率肆（肆）于酉（酒），古（故）喪自（師）」（《集成》2837），但《尚書·酒誥》中對殷人飲酒之事卻表現出寬容的態度：

予惟曰：汝劼（誥）〔註5〕毖殷獻臣：侯、甸、男、衛，矧太史友、內史友，越獻臣百宗工，矧惟爾事，服休、服采。矧惟若疇：圻父薄違，農父若保，宏父定辟，矧汝剛制于酒。厥若誥曰：「群飲」。汝勿佚，盡執拘以歸于周，予其殺。又惟殷之迪諸臣、諸工，乃湎于酒，勿庸殺之，姑惟教之有斯明享。

《尚書》周初諸誥中還有其它的例證顯示出周人的寬大作爲，例如〈多士〉對遷于成周的殷民說「爾乃尚有爾土」，這些殷人的「土」自然是周王所賜予的。周王賜與殷人土地之事，〈牆盤〉亦有明確的記載。凡此種種都是周人對殷遺寬大懷柔的具體表視。

至於對待仍持有敵對態度的殷遺貴族，楊善群在上舉文中是依王應麟《困學紀聞》的說法，將上引〈酒誥〉中的「獻臣」認爲是「商之忠臣義士」，並認爲〈酒誥〉所云是對這一類未臣服的殷遺貴族的「教化」。但「獻臣」並不是如王應麟所說的意思。劉師培已云：

〈作雒解〉曰：「俘殷獻民于九畢」，孔晁注：「獻民，士大夫也」。其說近是，惟必待引申。蓋獻民即儀民，乃殷之故家世族也。殷之于臣「世選爾勞」，故入仕者均故族，而古代之禮又僅達于卿大夫，故有獻民之稱。周遷獻民于九畢，猶劉敬語高祖遷齊、楚大姓于長安也。〔註6〕

由厲王〈㝬簋〉銘文可知劉說是正確的。〈㝬簋〉銘文有：

敘（肆）余以餕（義）士獻民，稱盩先王宗室。（《集成》4317）

張政烺讀「餕」爲「義」，並云厲王以義士獻民爲宗廟之事，猶〈大雅·文王〉

〔註 5〕「劼」，王國維云：「劼毖義不可通。案，上文『厥誥毖庶邦庶士。』劼毖殆誥毖之訛。又云『汝典聽朕毖』，亦與上『其爾典聽朕教』文例正同，則毖與誥、教同義。」今從之。王說見：〈與友人論詩書中成語書二〉，《觀堂集林》p78～84。

〔註 6〕劉師培：〈義士解〉，《左盦集》卷一。

「殷士膚敏，裸將于京」，〔註 7〕其說甚是。故楊氏據〈酒誥〉認爲周人對仍持敵對態度的殷遺貴族進行「教化」，其說法並不可信。

杜正勝在上舉文中則從不同的角度，認爲周人對是否已臣服的殷遺有不同的對待，其說云：

> 舊本《逸周書》第三十六篇〈克殷〉，第四十篇〈世俘〉，朱右曾《集訓校釋》移〈世俘〉作第三十七，「使與〈克殷〉相次」。這番改動不但合理，而且很有意義。〈克殷〉獎勵降順，〈世俘〉警戒不服。任何戰爭皆有投降和抵抗的人，兼具二者，乃得全豹。當「商庶百姓咸侯于郊，群賓僉進曰：『上天降休』。再拜稽首」（〈克殷〉）時，豈不正是孟子說的：「〔武〕王曰：無畏！寧爾也，非敵百姓也」。若崩厥角稽首」（〈盡心下〉）。殷人額角觸地，叩起頭來像山陵崩塌般地發響。這種順民自然「尚有爾土」、「尚寧幹止」（《尚書・多士》）。《荀子・議兵》亦曰：「殷之服民所以養生之者也，無異周人」。至於桀驁不馴者，非劉即伐，非俘即馘，亦人世之常情，不必感慨。

> 當然，殷遺民得以保持政權必有一定的條件，首先要老老實實作個「不侵不叛之臣」。〈康誥〉說得很清楚，「不率大戛（法也）」的臣工，「乃別播敷（散佈），造民大譽，弗念弗庸，瘝（病）厥君，時乃引惡，惟朕憝。已！乃其速由茲率殺」。凡訛言惑眾，製造自己的聲譽，不率舊章，而危害到國君者，罪大惡極，立刻斬除，絕不寬赦。此之謂「義刑義殺」。《逸周書・商誓》篇云，周天子對商眾貴族說：「肆上帝命我小國，曰：『革商國，肆予明命汝，百姓其斯弗用朕命，其斯爾冢邦君，商庶百姓，予則□（虔）劉滅之』。」「虔劉滅之」乃周人對於頑抗不馴者的一貫態度，周公警告西邊成周的「殷頑民」即是典型的例子。他誥誡「殷遺多士」，「比事臣我宗，多遜」的〈多士〉篇，三千年以下讀之，森嚴威屬的容貌猶在目前。他說，殷士！你們如果謙遜服從，「奔走臣我」，「爾乃尚有爾土，爾乃尚寧幹止」，還能擁有田邑，保持職官，否則，不但田邑被剝奪，連生命也不保。

按，杜氏言周人依殷遺狀況之不同而有不同之對待，是存在的，尚可有所補

---

〔註 7〕 張政烺：〈周厲王胡簋釋文〉，《古文字研究》第 3 輯，中華書局 1980。

充。《逸周書‧商誓》：

> 爾百姓、里居（君）、君子，其周即命☑爾邦冢君無敢其有不告見
> 于我有周。其比邦冢君我無攸愛，上帝曰「必伐之」。今予惟明告爾，
> 予其往追□紂，達臻（臻）集之于上帝。〔註8〕

文中說要「追」、「伐」這些「比冢邦君」，似乎正爲〈世俘〉中周人所征伐的
四方方國提供了性質的說明，但〈世俘〉篇中周人所征伐的方國，並非全然
是殷的與國，武王下令對四方方國的征討，並非全然是爲了消除擁商的勢力，
其所蘊藏周人勢力擴張的意義可能更形重要，這點在第二章第二節中已經透
過對方國地理，及其與商、周的關係有所說明了。而杜氏所舉〈康誥〉、〈多
士〉、《逸周書‧商誓》等篇章中對殷遺的告誡、威嚇，恐仍並不足以充分顯
現周人對未臣服的殷遺有不同的對待。但這並不表示這種不同的待遇不存
在，《逸周書‧世俘》中，武王回到周都後祭祀的二段記載，就充分顯示出這
種不同待遇的存在。癸丑日（50）的記載中有些錯訛之處，經裘錫圭的整理，
可重新糅讀爲

> 武王乃廢（發）于紂矢（夫）惡（亞）臣百人，伐右（又伐）厥甲
> （六十），小子鼎，大師伐厥四十夫，家（冢）君鼎。

裘氏並翻譯作

> 武王射殺被俘的紂的高級的亞和臣一百人，並砍下了其中六十個人
> 的頭，由小子們盛在鼎裏獻祭。太師砍下了其中四十個人的頭，由
> 邦君們盛在鼎裏獻祭。〔註9〕

另外，在庚戌日（47）的祭祀中有

> 武王乃夾于南門用俘，皆施（祇）佩衣，衣（卒），先馘入。

---

〔註8〕 朱右曾改「比邦冢君」爲「比冢邦君」，孫詒讓已斥其非，其說是也，然孫氏
以「比」爲「友」之誤，則恐不確。「友」具有家族親屬的意義，「友邦冢君」
是與王有血緣關係的「邦冢君」，由下文所說「必伐之」來看，武王所欲伐的
對象應與「予其往追□紂」有關，而文中又說周王對這類人「我無攸愛」，所
以「比」字應是「相親比」之意，「比邦冢君」應是指比從紂王與周人爲敵的
「邦冢君」。上舉朱說見：《逸周書集訓校釋》，孫說見：《周書斠補》。「友」、
「友邦冢君」的意義參沈長雲：〈《書‧牧誓》「友邦冢君」釋義〉，《人文雜志》
1986 年 3 期。朱鳳瀚：《商周家族形態研究》p306～311，天津古籍出版社 1990
年。

〔註9〕 裘錫圭：〈釋「勿」、「發」〉，《中國語文研究》2 期 1981 年，復收於《古文字
論集》，中華書局 1992 年。

這段記載中的「施」可讀爲「褫」,「用俘」不是殺死,本文在第四章第四節中都已有所說明。這段記載中被「褫佩衣」的「俘」中很可能就包括了 3 天後癸丑日中被射殺,並被砍下頭的紂的「亞」。若是與《逸周書‧商誓》中武王在商都對其他殷遺的告誡與「約束」相參照,〈世俘〉中所記的「俘」和被射殺的「亞」,應該就是屬於不臣服於周的殷人。

另外,若是依據文獻所記載的時代加以分析,對「唯物史觀」學者提出的看法加以檢討,以及墓葬和青銅器出土的情形三個方面來研究,仍可對周人如何對待殷遺的政策有更多的認識。先說第二項。李民在上舉文中持「唯物史觀」的觀點認爲大部分的殷遺成爲周人的「種族奴隸」,其結論固然是不足採信,但其文中舉出《尙書‧微子》中:「商其淪喪,我罔爲臣僕」,倒是頗值得注意的。〈微子〉的時代雖非商周之際,但一般認爲仍是先秦的作品。古時兩軍交戰,勝者以敗者爲役使之臣僕是常有的事,而這種情形對眼見商朝即將淪喪的殷人來說,降爲臣僕的命運似乎已是可預見的未來。但武王克殷之後,這種情況卻並沒有發生,相較於上文所說周人各種寬大懷柔的措施而言,不以殷遺爲臣僕,似乎可視爲其懷柔政策的「原點」。當然,不以殷遺爲臣僕,可能存在更深層的原因。杜正勝曾由殷遺貴族仍保有其氏族結構,以及周人人口過少,來解釋周人爲何會採行懷柔政策,〔註10〕用其所說的後者來解釋武王克殷後未見周人以殷遺爲臣僕的情形,應該也是合適的。

其次,如果把周初對待殷人的政策粗分爲武王時期和成王(包括成王以後)兩個階段來看待,可以發現前後有相同也有不同之處。相同之處較突出地表現在恩威並施的手段。「威」的方面,《逸周書‧商誓》是武王克殷之後,尙在商都時與殷人的「約束之辭」,〔註11〕其中有

> 其斯一話敢倿僭,予則上帝之明命,予維(雖)及西土,我及其來刑。乃敬之哉。庶聽朕言罔胥告。〔註12〕

這種威嚇可與成王平亂遷殷民於洛邑後

〔註10〕 杜正勝:〈周代封建的建立〉,《史語所集刊》50 本 3 分 1979 年,復收於《古代社會與國家》,允晨文化 1992 年。
〔註11〕 李學勤云:「實際誓不限于誓師,《禮記‧曲禮》記諸侯之禮云:『約信爲誓』。可見凡確定約束之辭,都可稱誓。」說見《商誓》篇研究〉,《古文獻叢論》,上海遠東出版社 1996 年 11 月。
〔註12〕 這段文字有錯簡,今依李學勤之整理釋讀,說見:《商誓》篇研究〉,《古文獻叢論》,上海遠東出版社 1996 年 11 月。

爾不克敬，爾不啻不有爾土，予亦致天之罰于爾躬。(《尚書・多士》)
的申誡相參照。「恩」的方面，武王時，如《史記・周本紀》中所記載周王的撫
民措施；成王平亂後，如上文所舉周人的寬大懷柔，乃至於任用殷人爲職官等。

　　不同之處則比較明顯地表現在兩個方面：

　　一、武王時對於不臣服者有明確的懲戒（殺、伐），成王平亂之後，就目
前所見的材料，在這方面則沒有明確的記錄。〈世俘〉所記爲武王時之事，其
對於不臣服的殷人所進行的殺伐已如上述。成王平亂之後的情形，就《尚書》
所見，其對於殷遺雖有不聽命則殺的威嚇，但並無明確殺伐不聽命的殷遺的
記載，這類的記載，在其他的史料中也沒有見到。值得注意的是，從平亂的
角度來考慮，成王初年的亂事中，武庚北奔，其中依附武庚一同作亂的殷人，
不論是動亂之初抑或是平亂之後，在文獻中都沒有較明確的記載，這其中所
透露的訊息是值得再進一步研究的。或許成王時遷往衛、魯、成周的殷人即
是屬於這一類。

　　二、武王時重撫民，是令殷遺「安處在彼」，成王時則是遷民而後撫民。
〈商誓〉云：「爾多子其人自敬，助天永休于我西土，爾百姓其亦有安處在彼，
宜在天命，弗反側興亂。」〈商誓〉中的「多子」、「百姓」，是居於商都附近，
與商王室有或近或遠的血緣關係的殷貴族（參第二章第一節），武王是令這些
殷遺「安處在彼」。成王平亂之後，「俘殷獻民遷于九畢」(《逸周書・作雒》)
「獻民」是殷之「故家世族」，相當於「多子」、「百姓」，另外《左傳・定公
四年》記載分魯以殷民六族，「使帥其宗氏，輯其分族，將其醜類，以法則周
公」，分康叔殷民七族。這裡所說的殷民六族、七族，裘錫圭指出：

> 殷民六族和七族，大概就屬于卜辭所說的「多子族」之列。《左傳》
> 說他們「帥其宗氏，輯其分族」，分族就是這些族內部的小宗。多子
> 族族長對商王來說是小宗，對他們的分族來說則是大宗。這跟周代
> 卿大夫對公室來說是小宗，對他們的側室、貳宗則是大宗的情況，
> 是完全一致的。〔註13〕

至於「醜類」，則是卜辭中狹義的「眾」，也就是被排斥在宗族組織之外的商
族平民〔註14〕。《左傳・定公四年》中魯的受命者是伯禽，在第二章第四節中

---

〔註13〕裘錫圭：〈關于商代的宗族組織與貴族和平民兩個階級的初步研究〉，《文史》
　　　　17輯，1983年，復收於《古代文史研究新探》，江蘇古籍出版社1992年。
〔註14〕參蔡哲茂：《論卜辭中所見商代宗法》p50～63，東京大學東洋史學博士論文，

已經說過，以伯禽分封時的受命者是成王時之事。衛的受命者稱康叔，下文云「自武父以南及圃田之北境，取於有閻之土以共令王職，取於相土之東都以會王之東蒐。」由其所記地名可知，此為成王徙封康叔於衛時之事。〔註15〕也就是說，成王平叛之後將這些原本在商都附近的「多子」、「百姓」，或是遷往成周，或是遷往分封出去的姬姓諸侯國。成王時這種與武王時令其「安處在彼」的不同對待方式，也可能是有鑑於成王初年動亂的「歷史教訓」，刻意要分散、削弱原本聚集在安陽附近，彼此間有血緣關係的「多子」、「百姓」的勢力。〔註16〕

另外，由墓葬的形式來看，可以發現被遷往成周和遷往魯國的殷遺，其後來的發展情況還是有所不同的。山東曲阜魯國故城、河北琉璃河燕國故地、洛陽北窰西周墓的考古發掘，提供了西周時三地殷人的情形。曲阜魯國故城的情形，據發掘報告所說，這座城建於西周前期，此後位置沒有變動，其所挖掘的墓葬形式，由西周至春秋，呈現明顯地兩個類型：

> 甲組西周墓人架頭基本上向南，向北是個別現象；乙組西周墓則基本上向北，向南是個別的。甲組西周墓盛行殉狗的腰坑，有些小墓雖無隨葬器物，但都有腰坑殉狗，可見此風之盛。相反地，乙組西周墓絕無腰坑殉狗之俗，在三十九座西周墓中根本不見此現象……可知乙組西周墓的墓主人，對于腰坑殉狗的習俗是完全不相干的。
> 〔註17〕

李學勤根據魯國墓葬型式和青銅器出土的情形，指出殷遺在魯國的情況，且此一情況同時也顯現了魯人對待殷遺的一個面向，其文云：

> 有腰坑殉狗之俗的甲組墓是殷人後裔之墓，沒有這種習俗的乙組墓則是周人之墓，這一點從墓中出土的青銅器銘文可得證明。乙組墓M48 器物的銘文很多，知道墓主是魯司徒仲齊；M30 器上也有文字，墓主是魯臣伯邦。他們顯然都是周人。甲組 M202 的盤有銘文，說

---

1991 年。註 13 所舉裘文。

〔註15〕杜注：「有閻，衛所受朝宿邑，蓋近京畿。」楊伯峻《注》：「江永《考實》(《春秋地理考實》)：昭九年周甘人與晉閻嘉爭閻田，是閻地近甘，則有閻之土亦當近其地。』當在今河南洛陽市附近。」

〔註16〕另外，朱鳳瀚從家族形態的角度加以分析，把西周時殷遺民宗族的境遇分作五種情形，本文中以時間先後來論述的觀點，可為朱說之補充。朱說見：《商周家族形態研究》p279～297，天津古籍出版社 1990 年。

〔註17〕《曲阜魯國故城》，齊魯書社 1982 年。

明是魯伯者父爲女兒作的媵器，可見墓主娶了姬姓的姑娘，他自己
當然不是姬姓的周人……魯國有周人、殷人共居，而且在較長的歷
史期間各自保持著自己的某些傳統，這是否意味著周人是統治者，
殷人是被統治者呢？就上述考古材料看，并不是這樣。兩個類型的
墓，沒有明顯的貴賤貧富差別。固然在甲組墓中沒有發現司徒之類
的官員，但 M202 的例子表示，殷人能夠同周人的女孩結婚，雙方
的社會地位似乎應沒有太多差異……周初分封的諸侯國，有殷遺民
的不止魯國二國，比如衛國，封在紂王故都，更應有殷遺民了，但
沒有記載說衛有兩社。看來魯國的設亳社，是有意容許殷人傳統在
某種程度上繼續存在，乃是一種明智的政策。〔註18〕

按，李氏所言亳社之事可堪留意。亳社，《穀梁傳・哀公四年》：「亳
之社也，亡國也。亡國之社以爲廟屏，戒也。」亳社是商人之「社」，歷來無
異說，且從文獻來看，亳社僅見於魯國。亳社的位置近於魯國宗廟，形勢上
具有作爲魯宗廟的屏障的意義〔註19〕。但其所「戒」的對象，應該是魯人，
這點范寧《集解》說的很清楚：「大人君瞻之而致戒心」。值得注意的是，亳
社爲商亡國後商人的「社」，在商朝未亡之時的甲骨文中是否會有「亳社」的
稱法，是值得再考量的。李學勤據《屯南》59「其桒于𠧞土（社）」，並對過
去釋爲亳，但字形並不从「毛」的𠧞再加以檢討，認爲甲骨文中的「𠧞社」
應讀爲「郊社」，商代甲骨文中並無「亳社」的稱法，〔註20〕其說可從。這樣
看來，魯國「亳社」的存在，可能並不是商人自己的傳統，而是魯國特別設
置，用以安定殷遺兼具自我警惕作用的一種措施。另外，魯國所見殷遺仍保
有其傳統的墓葬形式，墓區與周人有所區隔，這種情形在琉璃河西周燕國墓
地也可以看到：

I 區墓葬的墓主很可能是殷的遺民，或是周滅商前與商王朝有密切聯
繫而生活在當地的燕人，後歸順周，故在埋葬習俗上仍保留著殷人
的遺風……存在于 II 區的墓葬應是燕侯家族的墓地。〔註21〕

相較於洛陽北窰西周墓地的情形，中原地區殷、周融合的速度似乎是較地處

---

〔註18〕 李學勤：〈曲阜周代墓葬的兩種類型〉，《比較考古學隨筆》，廣西師範大學出
　　　　版社 1997 年。
〔註19〕 《春秋》、《左傳》皆以魯之兩社在雉門之外，周社在右，亳社在左。
〔註20〕 李學勤：〈釋「郊」〉，《文史》36 輯。
〔註21〕 《琉璃河西周燕國墓地》（1973～1977）p253，文物出版社 1995 年。

東土、北土的魯、燕來得快速：

> 洛陽地處中原，西周時是周朝控制南方的據點。這裏既有強大的周
> 人勢力，也有被遷來的人數眾多的殷遺民，所以這裏必然成為兩種
> 文化相互融合的前沿地域。洛陽北窰西周墓是典型的西周貴族墓
> 葬，雖然周文化因素特別濃厚，但是商文化的因素也難免在這批墓
> 葬中顯示出來。從這批墓的形制和隨葬遺物的特徵看，佔主導地位
> 的首先是周文化因素……洛陽北窰西周墓中保留的商人文化因素
> 是：長方形墓坑、墓底有腰坑、棺槨內或填土中殉狗……北窰西周
> 墓中兩種文化因素不僅同時存在，而且進一步融為一體，它們之間
> 的差距，離著時間的推移和時代的發展在慢慢地縮小、靠攏，并逐
> 漸趨向統一，由新的周文化因素所代替。以隨葬陶器為例，西周早
> 期盛行的幾種器物，到西周中期都不見了，分別為西周中期出現並
> 盛行的卷沿或折沿連襠鬲、圓肩斜腹罐、斜肩斜腹罐所替代，到了
> 西周晚期被盛行的平襠仿銅鬲等所代替。〔註22〕

透過對三地墓葬形式的了解，可以歸納出幾點新的認識：第一·雖然《尚書》
的篇章以及其它文獻中都提到了對殷遺寬大懷柔的一些具體措施，但是由魯
國亳社的情形來看，可能其它諸侯國中也都各自有一些不同於「中央」的作
法，以便使人口較少的周人，更有效的對人口較多的殷人進行管理。第二·
將遷於成周與遷於魯的殷民的情形相比較，可以發現，在成周地區殷、周融
合的速度較東土的魯更為快速，其中的原因除了成周為周人的重要地區，對
殷、周融合的問題會更加重視之外，魯國有亳社作為殷遺的「精神寄託」，可
能也是造成魯國境內融合減緩的因素之一。第三·《琉璃河西周燕國墓地》的
作者在考察其他地區西周時期殷遺與周人墓葬形式後指出：

> 在西周時代，奴隸主死後基本上不用人殉，但在西周社會上尚殘存
> 著殷代奴隸主用人殉的惡習，保持這種惡習的多數是殷遺民，或原
> 與殷王朝有密切關係的部族的遺民。而這種現象，在西周早期尚較
> 普遍，到中期以後基本消失了。〔註23〕

墓葬形式是一種文化現象，西周中期以後逐漸消失的殷人的墓葬形式，在一
定的程度上反映了當時殷遺問題對周人來說，已不是「對外」而是「內部」

---

〔註22〕 《洛陽北窰西周墓》p373，文物出版社1999年。
〔註23〕 《琉璃河西周燕國墓地》1973～1977，文物出版社1995年。

問題，從西周對外關係發展的歷程來看，其在東土的經營，初期以殷人或與殷人有密切關聯的部族、方國為對象，中期以後則轉為以東夷為主要對象，這種情形亦可為殷遺問題性質的轉變作一注腳。但文化上的融合並不表示族屬的界線也同時消失，張政烺在考釋〈詠簋〉「餗（義）士獻民」時即云：「周王用殷士助祭，不僅以其知禮，且示亡國之戒。厲王時，周已享國二百年，而周、殷之界未泯，則《毛詩·大雅·蕩》反覆言『文王曰咨，咨汝殷商』，非無故也。」〔註24〕是很有道理的。

以下談談關於陝西境內殷遺的問題，並對與之相關的陝西出土殷商青銅器的情況作一些了解。先說前者。白川靜是最早提出宗周附近有被遷來的殷遺民，他說：

> 殷之遺民，亦不僅在洛陽一地，蓋移往宗周者亦夥。西周初期、中期之青銅器中，具殷之特徵之彝器，相當之多，尤以鎬京，關係祭禮之遺物，在種種方面，可看出屬于殷系……陝西出土物中，可認為殷彝器者，亦相當多。〔註25〕

其後，杜正勝、呂文郁先後以微史家族銅器、伯戔諸器，以及帶有「族微文字」𦥑（以下隸定作𦥑）的銅器來說明宗周一帶地仍保留了殷人的宗族組織，〔註26〕或以此為根據，認為這些就是武王克殷後被遷往宗周一帶的殷遺。〔註27〕

按，宗周附近是否有被遷來的殷遺民，檢視前舉諸家所言之證據，恐怕不足以支持這樣的說法。〈史牆盤〉銘文說的很清楚，微史家族的先祖是在武王克殷之後來見武王，武王並給予土地：「雩武王既𢦏殷，微史剌（烈）且（祖）迺來見武＝王＝，（武王）則令周公舍（宇），于周俾處」，〔註28〕很明顯地，微史家族並不是被遷來陝西的殷遺。若是由史官傳承的「封閉性」來考慮，微史

〔註24〕 張政烺：〈周厲王胡簋釋文〉，《古文字研究》第3輯，中華書局1980年。
〔註25〕 白川靜：〈殷代雄族考〉，《甲骨金文學論叢》五集（油印本），轉引自呂文郁：〈西周王畿殷商遺民考略〉，《西周史論文集》，陝西人民教育出版社1993年。
〔註26〕 見註2所舉杜文。
〔註27〕 見註25所舉呂文。又，劉起釪據《史記·秦本紀》：「遣兵伐蕩社。」《索隱》「西戎之君，號為亳王，蓋成湯之胤，其邑曰蕩社。」亦認為有被遷往陝西的殷遺。按，蕩社當即唐土（唐杜），參第四章第二節，其是否與殷遺有關，若按照李學勤唐上為老牛坡遺址的說法，應是沒有關聯的。劉說見：〈周初八《誥》中所見周人控制殷人的各種措施〉，《殷都學刊》1988年4期，復收於：《古史續辨》，中國社會科學出版社1997年2刷。李說見：〈蕩社、唐土與老牛坡遺址〉，《周秦文化研究》，陝西人民出版社1998年。
〔註28〕 斷讀依裘錫圭1998年於台灣清華大學授課時所說。

家族銅器中明顯的家族世系，是否可直接視爲殷人至西周仍保留宗族組織的一個樣本，恐怕仍是有待再考慮的。如李學勤即根據《睡虎地秦簡·內史雜》：「非史子毆（也），毋敢學學室，犯令者有罪。」（秦律十八種簡 191）指出，這種「不是史的兒子不准在學室學習的規定，是此種封閉性的法律保證。」〔註29〕那麼微氏家族青銅器中表現出世系的情形，其中史官傳承所具有的封閉性因素，似乎較殷人保留宗族組織的因素來得更爲突出（理由詳下文）。伯致諸器會被認爲與殷遺有關的原因，是因爲把伯致與彔伯致混爲一談，這點在第四章第四節中已經有所討論。至於「嶯」銅器的問題，由於帶有「嶯」銘銅器的出土範圍甚廣，歷來對此字的釋讀及其族屬、居地，有各種不同的說法，于省吾釋「嶯」爲「舉」應是較可信的，〔註30〕李伯謙對有「嶯」的銅器綜合分析之後，認爲這一族雖然在商、周時分佈區域很廣，但它並不是子姓的殷人或東夷，而是商晚期時居于商都西北的異姓國族。〔註31〕且不論「嶯」族的居地在那裏，李氏以「嶯」非子姓殷人的說法應是較可信的。李文云：

> 彝銘中該族族徽有的是範以亞形的……根據對帶亞形族徽的統計，
> 多是與商王有密切關係的國族，其中有的可確指爲商之異姓，迄今
> 尚未發現與商同姓者。

裘錫圭從銅器銘文和甲骨卜辭加以分析，也提出了「嶯」族非殷人的確切根據：

> 上引冀族銅器記子把王所賞的貝轉賜給小子（引按，即〈小子省卣〉
> 《集成》5394）。〔註32〕另一件商代晚期的冀族銅器記小臣告因王賜
> 以渮地的五年收獲而作器（三代3.53）（引按，即〈小臣告方鼎〉《集
> 成》2653）。這個小臣告也見于第五期卜辭（前 4.27.3）（引按，即
> 《合》36421）。可見冀族跟商王的關係頗爲密切。但是從冀族人在
> 商王朝任小臣之職這件事來看，他們似乎不是商本族人，而是商王
> 朝中的異姓貴族。〔註33〕

---

〔註29〕 李學勤：〈論習鼎及其反映的西周制度〉，《中國史研究》1985 年 1 期。

〔註30〕 于省吾：〈釋嶯〉，《考古》1979 年 4 期。

〔註31〕 李伯謙：〈嶯族族系考〉，《考古與文物》1987 年 1 期，復收於《中國青銅文化結構體系研究》，科學出版社 1998 年。

〔註32〕 文中的「冀」即是指「嶯」，釋「嶯」爲「冀」爲丁山所說，見於：〈說嶯〉，《史語所集刊》1 本 2 分，1930 年。

〔註33〕 參註 13 所舉裘文。

又，蔡哲茂綴合的一版甲骨中，王族、多子族、□〔多〕尹同見，三者是選貞的關係，蔡氏云：「多尹指的是未有血緣關係的異族朝臣。」〔註34〕此與上舉李氏、裘氏之說配合起來看，「戈」爲商的異姓貴族應是可以肯定的。而甲骨有人名「戈」，可能即後來「戈」族「族徽文字」的來源。〔註35〕總之，「戈」族並不是殷人，把陝西出土帶有「戈」族「族徽文字」的青銅器，認爲是殷遺的青銅器，或據此認爲他們是被遷往陝西的殷遺的說法，都是不恰當的。

在上述的討論中，牽涉到一個問題——陝西出土的商青銅器是否即是「商人」的青銅器（指最後的歸屬者）。歷來對先秦青銅器的分期，是先分出時代，如商、西周、春秋、戰國，然後就其銘文、紋飾、器形等因素再加以細部的分期斷代，從而得出該器物的鑄造年代，並根據其他線索如銘文、墓葬、同出器物等來了解其作者、歸屬者、用途等。但是如果該器物銘文所記明明是陝西的方國，卻出土於山東，如 1980 年山東滕縣出土的〈不䢼簋〉，〔註36〕這中間變化的過程，就有很多難以弄清楚的地方。這種情形對於陝西出土的「商代」青銅器而言，表現得尤其明顯，本文特別把「商代」加上弧號，即是因爲這些青銅器雖然有明顯的商代器物特徵，但最後的歸屬者不一定是商代人。

傳統把陝西出土的商代銅器多數看作是武王克殷之後劫掠所得，但隨著陝西商代銅器出土數量日益增多，且有一些是伴隨陶器出土，可對其文化屬性作進一步說明的情況下，對陝西出土商代青銅器的看法也逐漸深入。陝西出土的商代青銅器爲數不少，分布區域幾乎遍佈陝西全境，在陝北的如綏德、延安、延川、子長、清澗，〔註37〕在豐鎬一帶的如藍田、渭南、淳化、禮泉、銅川、長安，〔註38〕在周原附近的如扶風、寶雞、岐山、麟游，〔註39〕在陝南漢中盆

〔註34〕　《甲骨綴合集》219 組釋文及考釋。

〔註35〕　林澐：〈對早期銅器銘文的幾點看法〉，《古文字研究》第 5 輯，中華書局 1981年。復收於《林澐學術文集》，中國大百科全書出版社 1998 年。

〔註36〕　〈滕縣後荊溝出土不䢼簋等青銅器群〉，《文物》1981 年 9 期。

〔註37〕　〈陝西綏德墕頭村發現一批窖藏商代銅器〉，《文物》1975 年 2 期。〈陝西延安出土一批晚商青銅器〉，《考古與文物》1994 年 2 期。〈陝西延川出土一批商代青銅器〉，《考古與文物》1992 年 4 期。〈陝西子長縣出土的商代青銅器〉，《考古與文物》1989 年 5 期。〈陝北清澗、米脂、佳縣出土古代銅器〉，《考古》1980年 1 期。〈清澗縣又出商代青銅器〉，《考古與文物》1983 年 3 期。〈陝西清澗縣又發現商代青銅器〉，《考古》1984 年 8 期。

〔註38〕　〈陝西藍田縣出土商代青銅器〉，《文物資料叢刊》3 輯 1980 年。〈渭南市又出土一批商代青銅器〉，《考古與文物》1987 年 4 期。〈渭南縣南堡村發現三件商代銅器〉，《考古與文物》1980 年 2 期。〈陝西淳化縣出土的商周

地的如城固、洋縣〔註40〕（參附圖一）。根據這些青銅器的形制、紋飾、同出陶器，其時代早的相當於二里崗上層至殷墟一期，時代晚的約在商周之際。〔註41〕其中有些具有比較明顯的地方性特色，如城固的銅器群，學者多認爲與巴蜀青銅器有關。又如綏德出土的青銅器有些具有明顯北方式青銅器的因素等。總的來說，或多或少受到商文化的影響。〔註42〕但這種情形並不表示過去把陝西出土商代青銅器視爲由河南輸入的觀點是全然錯誤的。林澐即指出：

> 雖然殷墟式青銅器向黃土高原腹地傳布甚遠……但不應根據這些脫離殷墟文化陶器群而孤立存在的銅器，來討論殷墟文化的分布範圍，在研究得比較充分的渭河流域，已可確定：基本陶器群與殷墟文化判然有別的先周文化，約當殷墟大司空村二期之後的時期，已經形成一種獨立的文化……而且在渭河流域發現的殷墟式青銅器，有相當數量應是武王克商後劫掠來的。以 1973 年冬岐山賀家村 M1 出土的銅器爲例，〔註43〕斝和甗顯屬二里崗向殷墟早期過渡的形式，而簋和卣則是殷墟晚期的形式。甗、簋、卣上又有三種不同的商人氏號。分屬至少三個商人的父權家族，而時代不同的銅器，共存于一座周人故地的墓中，當然應該理解爲戰勝者分配到的戰利

青銅器〉，《考古與文物》1986 年 5 期。〈陝西淳化縣新發現的商周青銅器〉，《考古與文物》1990 年 1 期。〈陝西禮泉縣發現兩批商代銅器〉，《文物資料叢刊》3 輯 1980 年。〈陝西銅川發現商周青銅器〉，《考古》1982 年 1 期。〈父癸尊與子尊〉，《文物》1986 年 1 期。〈西安老牛坡商代墓地的發掘〉，《文物》1988 年 6 期。〈西安老牛坡出土商代早期文物〉，《考古與文物》1981 年 2 期。

〔註39〕 〈扶風美陽發現商周青銅器〉，《文物》1978 年 10 期。〈楊家堡出土的商周之際的銅器〉，《文物》1977 年 12 期。〈寶雞地區發現幾批商周青銅器〉，《考古與文物》1981 年 1 期。〈陝西寶雞戴家灣出土商周青銅器調查報告〉，《考古與文物》1991 年 1 期。《陝西出土商周青銅器》（一），1979 年。〈麟游縣出土商代青銅器〉，《考古與文物》1991 年 1 期。

〔註40〕 〈陝西省城固縣出土殷商銅器整理簡報〉，《考古》1980 年 3 期。〈陝西省城固征集的商代銅戈〉，《考古》1996 年 5 期。〈洋縣出土殷商銅器簡報〉，《文博》1996 年 5 期。

〔註41〕 參宋新潮：〈試論陝西出土的商代銅器〉，《文博》11989 年 3 期。李海榮：〈關中地區出土商時期青銅器文化因素分析〉，《考古與文物》2000 年 2 期。

〔註42〕 參雷興山：〈對關中地區商文化的幾點認識〉，《考古與文物》2000 年 2 期。李峰：〈試論陝西出土商代銅器的分期與分區〉，《考古與文物》1986 年 3 期，及註 41 所舉宋文、李文。

〔註43〕 引按，參〈陝西岐山賀家村西周墓葬〉，《考古》1976 年 1 期。

品。〔註44〕

林澐所指出的情形對進一步考察陝西出土的商代青銅器是有其積極的意義，特別是某些沒有較清楚文化遺存（如陶器、遺址）的墓地或窖藏出土的商代銅器而言，將之視爲劫掠而來的說法，應是是較合理的解釋，例如甘肅慶陽縣韓灘廟嘴土坑墓（？，沒有提及墓葬形制）出土的一觚、一爵、一鼎，發掘報告據形制、紋飾指出銅器的時代爲殷商晚期，商代銅器在甘肅出土還是首次，〔註45〕該墓（？）沒有其他因素可說明其文化屬性的情況下，將之視爲劫掠而來，應是合理的。必需說明的是，在上述的討論中雖然只是將學界對陝西出土商代銅器的理解作簡單的整理敘述，但值得注意的是，目前除了微史家族銅器之外，不論是出於帶有商文化因素墓葬的銅器，或可視爲劫掠而來的銅器，都沒有發現有明顯的殷遺世系或貴族墓地存在，這種情形不但突顯了微史家族會存在世系的原因，其史官傳承的封閉性應是主要因素之外，同時也說明了以目前的資料，不論是文獻的、考古的，都無法證明西周時曾遷殷遺至宗周。

綜上所述，武王克殷之後，西周所面對的殷遺問題，經過成王平叛，其性質已逐漸轉化爲「對內」，這中間的轉化過程，很可能就是不把殷遺降爲臣僕，減低其恐慌心理爲起點的。在這個基礎上，武王所採用的恩威並施的手段，成王時繼續延用，但前後在一些具體措施上還是有所不同，例如武王時明確地對不臣服者予以殺伐，成王（包括成王以後）則沒有這方面記載。不同之處也表現在對於「多子」、「百姓」居地的處置，武王是令其「安處在彼」，成王大概是鑑於動亂的歷史教訓，在這方面則採取了遷殷民的措施，相較於宋國的情形，不排除這些被遷的殷遺氏族是屬於不臣服一類的可能性。〔註46〕另外，殷民所遷往的魯有毫社，魯國毫社雖是商人的「社」，但毫社的存在似乎不是殷人的傳統，而是魯國用以安定殷遺，並用以自我警惕的措施。將魯國所見的墓葬形式、出土器物與被遷往成周的殷民相比較，在殷、周融合的

〔註44〕林澐：〈商文化青銅器與北方地區青銅器關係之再研究〉，《考古學文化論集》（一），文物出版社 1987 年。復收於《林澐學術文集》，中國大百科全書出版社 1998 年。

〔註45〕〈甘肅慶陽地區出土的商周青銅器〉，《考古與文物》1983 年 3 期。

〔註46〕杜正勝云：「最高層之殷遺爲周王之客，故宋國的封建地位要比一般諸侯爲，宋君接受諸侯饗宴不厭豐富（《左傳》僖二十四年），而對周天子的義務也比一般諸侯輕。」宋是成王平叛後微子啓所封，其治下的殷遺很可能是臣服於周的殷氏族。杜說見註 2 所舉杜文。

速度上，似乎後者較前者更爲快速，但文化上的融合，並沒有完全消弭族群上的界線，這種界線，至少在厲王時仍可約略看到其蹤跡。至於遷殷遺民至宗周的說法，目前的材料並不能在這方面提供可靠的證據，而透過對陝出土「商代」青銅器情況的了解，微史家族青銅器存在明確的世系，其由於史官傳承封閉性的因素應是較主要的原因。

附圖一　陝西出土商代銅器示意圖

## 第二節　夷狄在西周時的境遇及對西周的貢賦

西周時臣服於周人的夷狄，其境遇如何，本文在前面的章節中討論到〈克
罍〉銘文、姜姓部族與周人的關係、以及犬戎與西周的關係時都已約略提及。
其與周人的互動情況，可粗略地分爲兩類：〈克罍〉：「旋（使）羌、貍、𢏚于
駁（御）髟」，銘文中的「𢏚」很可能是游牧民族，「𢏚」在成王時協助徙封
至河北的燕侯克抵禦髟方。西周時藉由臣服的夷狄部族爲「邊疆」帶來安定
的情形，在姜姓部族的相關記載中也可以看到。此二者可視爲周人「以夷制
夷」的例子。另一種情形是，犬戎於穆王時被遷往太原，宣王爲補充兵員曾
料民太原，其原因很可能是被遷於犬原的犬戎，其性質類似於銅器銘文和文
獻中所說的「僕」（僕庸）。本節中主要討論的是後者及與之相關的問題。至
於夷狄對西周的貢賦，由於材料不多，本文僅作初步的整理。

### 一、夷狄在西周時的境遇——以僕庸爲主的討論

關於西周時「僕」、「庸」的情形，裘錫圭〈說「僕庸」〉一文已有清楚的
辨析〔註47〕（以下簡稱〈裘文〉），本文試在此基礎上，以夷狄爲主要對象再
稍加整理和補充。

在銅器銘文和文獻中都有一種被稱爲「僕」的人，如：

1. 〈師旂鼎〉：唯三月丁卯，師旂眾僕不從王征于方雷，使㢋（厥）友引
   以告于白（伯）懋父，在芻（芳）。白（伯）懋父迺罰得爲（？）
   三百守（鋝），今弗克㢋（厥）罰。懋父令曰：「義（宜）敚（播），
   𢏚㢋（厥）不從㢋（厥）右征。今毋敚（播），其又內（納）于師旂。」
   引以告中史書。旂對㢋（厥）質（質？）于障彝。（《集成》2809，
   圖二、131）

2. 〈令鼎〉：王大耤（籍）農于諆田，餳（觴）。王射，有嗣崇師氏小子
   卿（會）射。王歸自諆田，王駁（馭）𤔲中（仲）僕，令眾奮先馬
   走……（《集成》2801，圖二、132）

3. 〈趞簋〉：唯三月，王才（在）宗周。戊寅，王各（格）于大朝（廟），
   𡧛（密）叔右趞即立（位）。內史即命，王若曰：「趞，命女（汝）
   乍𤔲自冢嗣馬，啻官僕、射、士……（《集成》4266，圖二、133）

〔註47〕裘錫圭：〈說「僕庸」〉，收於《古代文史研究新探》，江蘇古籍出版社 1992 年。

4. 〈師嫠簋〉：隹王元年正月初吉丁亥，白（伯）龢父若曰：「師嫠，乃且（祖）考又（有）爵（勞）于我家，女（汝）有（舊）隹（雖）小子，余令女（汝）□我家，𢼸（攝）嗣我西偏東偏僕、（？）馭（御）、百工、牧、臣妾，東（董）裁內外……（《集成》4311，圖二、134）

5. 〈幾父壺〉：隹五月初吉庚午，同中（仲）寏西宮易（錫）幾父丅（笄）〔註48〕䜌六，僕四家，金十鈞……（《集成》9721～9722，圖二、135）

6. 〈𧊒鼎〉：隹三月初吉，𧊒來遘（覯）于妊＝氏＝，（妊氏）令𧊒：「史（使）俘（保）㱿（厥）家。」因付㱿（厥）且（祖）僕二家，𧊒拜頜首……（《集成》2765，圖二、136）

7. 〈伯克壺〉：隹十又六年十月既生雨（霸）乙未，白（伯）大師易（錫）白（伯）克僕卅夫……（《集成》9725，圖二、137）

8. 〈旟鼎〉：唯八月初吉辰在乙卯，公易（錫）旟僕。旟用乍文父日乙寶隤彝。（《集成》2670，圖二、138）

9. 《左傳・僖公廿四年》：「秦伯送衛於晉三千人，實紀綱之僕。」

10. 《左傳・僖公廿四年》：「初，晉侯之豎頭須，守藏者也，竊藏以逃，盡用以求納之。及入，求見。公辭焉以沐。謂僕人曰：『沐則心覆，心覆則圖反，宜吾不得見也。居者爲社稷之守，行者爲羈絏之僕，其亦可也，何必罪居者？國居而讎匹夫，懼者甚（其）〔註49〕眾矣。』僕人以告，公遽見之。」

首先對上引文所見之僕分別加以說明。僕，《說文・三上菐部》：「僕，給事者。从人从菐，菐亦聲。」《說文》把「僕」分析爲从菐聲的說法，學者多已據甲骨、金文中「僕」的字形指出，這是依訛變後字形所作的分析。「僕」除了有「給事者」的意思之外，作爲「御者」或動詞「御」，也是常見的。上舉2～10中的「僕」大致也可以分作這兩種意思來理解。2銘中的「僕」即應解釋爲「御者」或「御」。3銘中的「僕、射、士」，〈裘文〉認爲可能是指御者、車左和車右。4銘中的「僕馭（御）」，〈裘文〉已指出有兩種可能，一是

---

〔註48〕 丅，裘錫圭、張亞初先後指出可讀爲笄，裘說見：〈史墻盤銘解釋〉，《文物》1978年3期，復收於《古文字論集》，中華書局1992年。張說見：〈古文字分類考釋論稿〉，《古文字研究》17輯，中華書局1989年。

〔註49〕 此處之「甚」或當爲「其」，參楊伯峻：《春秋左傳注》p416，復文圖書出版社1986年。

將之視爲複合詞，指從事「僕」和「御」工作的一類人，二是將「僕馭（御）」分讀，「僕」在這裏是指主要工作有別於「御」的一類人。依裘氏之意，4 銘中的「僕馭（御）」不論是連讀或分讀，「僕」所負擔的工作都不僅僅是「御」。這點從 9、10 來看，是正確的。9 所記載者，是秦穆公送晉文公重耳歸國即位之後，經過呂、郤的亂事，復又再派送給晉的三千人，杜預注：「新有呂、郤之難，因未輯睦，故以兵衛文公，諸門戶僕隸之事，皆秦卒共之，爲之紀綱。」很明顯地，這三千人的任務除了「以兵衛公」之外，還要擔任「諸門戶僕隸之事」，那麼上舉 10《左傳・僖公廿四年》中所記的「僕人」，應該就是由秦穆公所送的「紀綱之僕」所擔任的。5～8 銘中的「僕」，被當作賞賜時的一個項目來看，其地位顯然是不高的。〈裘文〉據 5～8 銘指出「僕一般都以家計。在記錄僕的數量的銘文裏，只有伯克壺的僕以夫計。這說明僕大部分是有家室的。」但從僕工作的性質，及授僕與授民的相關銘文比較來看，以「家」來計算的僕，其作用大概主要是增加勞動力。〔註 50〕另外，5～8 銘中被賞賜的僕的數量都不多，似乎不好如〈裘文〉所說，理解爲「以戒戎作」（〈叔弓鐘〉銘）。

　　1 銘中的僕，〈裘文〉認爲

　　　　從這些僕居然能夠「不從王征」，以及被判處罰金等情況來看，他們
　　　　在生活上、經濟上顯然有一定的獨立性，不像是爲師旂直接占有的
　　　　奴僕……師旂眾僕大概也是王命師旂管理的僕。

從銘文「使氒（厥）友引以告于白（伯）懋父」來看，「眾僕」原本不屬於師旂所有，應是可以肯定的。周法高亦指出：

　　　　封建社會的農奴，雖然被地主奴役，卻可以保有一部份財產。所以
　　　　本文的「眾僕」，其地位不得低於封建社會中的「農奴」（或「庶人」），
　　　　和「奴隸」不同。〔註 51〕

不過這些僕後來「其又內（納）于師旂」，從銘文中所記對「眾僕」的懲罰來看，大概後來就成爲師旂所佔有的「僕」。從這個角度來看，也許銘文開頭中所稱的「眾僕」，在「不從王征」之時的身分並不是「僕」（銘文是整個事件後的補記）。這樣看來，1 銘仍不能毫無疑慮地作爲西周時的「僕」在經濟上

---

〔註 50〕參何樹環：《西周土地所有權研究》p27，政治大學中國文學系碩士論文，1996
　　　　年。

〔註 51〕周法高：〈師旂鼎考釋〉，《金文零釋》p73，1972 年重刊本。

已具有獨立性的根據。

　　「僕」所擔任的工作中有一個項目是「以兵衛文公」（上舉 9），即是與兵戎之事有關。在西周銅器銘文中有「夷僕」、「虎臣」，也是與兵戎之事有關的，經相互比較，可更清楚看到如「夷僕」與「虎臣」間的關係。

　　11.〈靜簋〉：隹六月初吉，王才（在）葊京，丁卯，王令靜嗣射學宮，小
　　　　子眔服眔小臣眔夷僕學射……（《集成》4273，圖二、139）（〈裘文〉
　　　　已指出，也可能在「射」字斷句，學宮小子連讀）

　　12.〈害簋〉：隹四月初吉，王才（在）屖宮，宰屖父右害，立（位），王
　　　　冊命害曰：……用嗣乃且（祖）考事，官嗣夷僕、小射、底魚，害
　　　　頴首對揚王休命，用乍文考寶簋，其孫＝子＝永寶用。（《集成》4258
　　　　～4260，圖二、140）

　　13.〈詢簋〉：今余令女（汝）啻官嗣邑人、先虎臣後庸：西門夷、秦夷、
　　　　京夷、彙夷、師笭側新、□華夷、弁（？）□夷、鬳人、成周走亞、
　　　　戍秦人、降人、服夷…………〔註52〕（《集成》4321，圖二、48）

　　14.〈師酉簋〉：王乎（呼）史牆冊命師酉：「嗣乃且（祖）啻官邑人、虎
　　　　臣：西門夷、彙夷、秦夷、京夷、畁（弁）身夷……」（《集成》4288
　　　　～4291，圖二、47）

11、12 銘中的「夷僕」，與「小臣」、「小射」、「底魚」併列，應該不是指有夷狄身份的「僕」，而是指管理夷僕這類人的官吏。古代「貴賤不嫌同號」，如掌管虎臣的官長即稱虎臣（參第二章第二節），在《周禮・夏官》中有祭僕、御僕、隸僕、戎僕、道僕、田僕等，就應該分別是管理某一類僕的工作的官吏。而虎臣是王的近衛軍，多數是由外族人擔任，從其來源和工作性質來看，虎臣也可以說就是一種夷僕，如郭沫若即認為上舉 13、14 銘中「師酉與師訇所管轄者均為夷僕」。〔註53〕但是反過來看，夷僕卻不能完全等同於虎臣，上舉 10 即是鮮明的例證。〈裘文〉已指出：

　　　　秦君不大可能把本族人送給人當僕。秦國周圍戎狄很多，秦君一定擁
　　　　有大量由俘獲或降服的戎狄充當的僕。送給晉國的大概就是這種人。

〔註52〕銘文中的「彙」字，其上半或以為从兔，或可讀為繹，參曹錦炎：〈釋兔〉，《古
　　　　文字研究》20 輯，中華書局 2000 年 3 月。
〔註53〕郭沫若：〈弭叔簋及訇簋考釋〉，《文物》1960 年 2 期。

前面已經說過，10 中所記的「僕人」應該就是由 9「紀綱之僕」所擔任的，從《左傳》的上下文意來看，這裏的「僕人」，其工作性質應是通傳、引領一類的事。從戰爭的觀點來說，俘獲或降服的外族，似乎也很難將之全數成為虎臣，但要這些人都成為夷僕，卻是完全有可能的。

另外，上舉 13、14 銘文中還有一點是值得注意的，二銘中「西門夷」以下的諸夷，有很多是兩銘文都出現的，但在此之前則有「先虎臣後庸」（13）與「虎臣」（14）的不同，虎臣基本上是「僕」的一種，所以「庸」應該是被周人役使，且有別於「僕」的另一類人。

被俘獲或降服的夷狄會成為僕還是庸？〈裘文〉對此曾提出解釋，認為：

> 跟他們原來的身份大概是有關係的。在古代，貴族秋平民之間往往存在著軍事和生產的分工。貴族有射、御等技術，善于打仗，但不從事生產，平民正好相反。因此，在遭到奴役的時侯，原來的貴族成為戎臣（引按，即以兵戎之事為主的僕），原來的平民成為庸的可能性，顯然是很大的。……詢簋所記夷人有虎臣和庸之分，這兩種人大概也是分別由夷族的貴族和平民轉變而成的。

按，〈裘文〉是把〈詢簋〉中的「先虎臣後庸」，理解為作戰時在全軍之前的虎臣和全軍之後的庸，這點山虎臣和庸的性質來說，應是可信的，如〈師袁簋〉中其它的軍隊「屏（殷）左右虎臣正（征）淮夷」（《集成》4313），即是以虎臣為前軍。但是「先虎臣後庸」是否是就虎臣和庸的前軍後軍性質來說的，則可以再考慮。由詢之子師酉所作的簋來看[註54]（即上舉 14），簋銘中只有虎臣，且又少了自「斲人」以下的「成周走亞」等，二者相互參看，或許〈詢簋〉中自「斲人」以下的應該理解為「庸」，也就是說，「先虎臣後庸」在〈詢簋〉中的意思，可能並不是說明虎臣和庸的性質，只是表示屬於虎臣一類的寫在前面，屬於庸一類的寫在後面。另外，從戰爭俘獲的角度來看，把原本的貴族降為虎臣一類的夷僕，讓這類較容易產生「國仇家恨」的人擔任親衛的部隊，就如同把「成周八師」理解為殷人所組成的軍隊一般，這種

---

〔註54〕詢與師酉的關係，自郭沫若提出師酉為父，詢為子的看法以來，普遍皆如此認為。近年來根據器形、銘文，有學者提出應以詢為父、師酉為子，此說較可信。參張長壽、陳公柔、王世民：《西周青銅器分期斷代研究》p69，p96，文物出版社 1999 年 11 月。夏含夷：〈父不父、子不子──試論西周中期詢簋和師酉簋的斷代〉，《古文字與古文獻》試刊號，1999 年 10 月。李學勤：〈西周青銅器研究的堅實基礎──讀《西周青銅器分期斷代》〉，《文物》2000 年 5 期。

作法對王來說反而是危險的。另外，《左傳・莊公卅一年》：「凡諸侯有四夷之功，則獻於王，王以警於夷」，諸侯所獻的「四夷之功」，由西周銅器銘文可知即是其所斬殺敵人之數目，及俘獲的戰俘、兵器、車馬等。這些戰俘有一部分會成為被役使者，從「警於夷」的角度來說，原本的貴族降為比僕地位更低的庸，〔註55〕「警」的作用應該是更強烈有力的。所以，目前只能確定虎臣一類的人中有許多是夷狄之人，其來源是否為夷狄的貴族，則恐未必然。連帶地，這些被俘獲和降服的夷狄究竟那些會成為僕？那些會成為庸？這個問題仍有待進一步研究。

　　至於庸的性質，在西周銅器銘文和文獻中都有關於庸、僕庸的記載，如：

15.〈逆鐘〉：隹王元年三月既生霸庚申，叔氏才（在）大廟。叔氏令史盠（？）召逆，叔氏若曰：「逆，乃且（祖）考□政于公宗，今余易（錫）女（汝）盾五、錫（鍚）戈彤彔，用毅（攝）于公室僕、庸、臣、妾、小子家室……」（《集成》60～63，圖二、141）

16.〈五年琱生簋〉：〔註56〕隹五年正月己丑，琱生又（有）事，召來合（會）事。余獻婦（婦）氏以壺，告曰，以君氏令曰：「余老止，〔註57〕公僕臺（庸）土田多諫（刺？責？），弋（式）〔註58〕白（伯）氏從諾（許），公宕其參，女（汝）則宕其貳，公宕其貳，女（汝）則宕其一……（《集成》4292，圖二、142）

17.《詩經・大雅・崧高》：「王命申伯，式是南邦。因是謝人，以作爾庸。」

18.《詩經・魯頌・閟宮》：「乃命魯公，俾侯于東，錫之山川，土田附庸。」

19.《詩經・大雅・韓奕》：「溥彼韓城，燕師所完。以先祖受命，因時百蠻，王錫韓侯，其追其貊。奄受北國，因以其伯。實墉實壑，實畝實籍，獻其貔皮，赤豹黃羆。」

〔註55〕陳夢家和上舉〈裘文〉都先後指出僕的地位略高於庸。陳說見：《殷虛卜辭綜述》p624，中華書局1992年1版2刷。

〔註56〕此器名當從林澐所說，定為〈五年琱生簋〉，說見：〈琱生簋新釋〉，《古文字研究》第3輯，中華書局1980年。

〔註57〕朱鳳瀚據于省吾「止」為語末助詞的說法，認為應讀為「余老止（之）」。說見：〈琱生簋銘新探〉，《中華文史論叢》1989年1期。

〔註58〕「弋」讀為「式」，為「勸令之詞」，參裘錫圭：〈卜辭「異」字和詩、書裏的「式」字〉，《中國語言學報》1983年1期。復收於《古文字論集》，中華書局1992年。

20《左傳·定公四年》：「分魯以大路、大旂……分之土田陪敦、祝、宗、
卜、史、備物、典策、官司、彝器，因商奄之民，命以伯禽，而封
於少皞之虛。」

15 銘中的「僕」、「庸」，顯然與上文所說的「僕」、「庸」是同一回事，是表示
被役使一類的人。但 16～20 的「庸」、「僕臺」、「附庸」歷來即有不同的看法，
歸納起來可分爲三類，第一類可以〈裘文〉爲代表，認爲上舉 17 之「庸」，
即是被役使的「庸」，18 之「附庸」當讀爲 16 銘之「僕庸」，是指僕和庸兩種
人；19 之「因時百蠻」讀爲「因是百蠻」，與 17 之「因是謝人」、20 之「因
商奄之民」相同，百蠻、商奄之民猶如謝人，〔註 59〕都是被役使的庸。第二
類則是依傳統注疏之說，認爲「附庸」之「附」是正字，16 銘中的「僕」是
假借字，而 15 銘中的庸字從庚從用，與 16 銘中字形作「臺」的是不同的兩
個字，其意義亦不相同。〔註 60〕第三類則是把「僕臺」、「附庸」皆讀爲「附
郭」，「僕臺土田」即「附郭土田」，爲近於「郭」的土田，而 18 說成「土田
附庸」則是因爲用韻的關係，所以把「土田」和「附郭」倒置。〔註 61〕

按，第三種說法從上舉 20 和魯國故城的情形來看，顯然並不可信。孫
詒讓、王國維已指出〈五年琱生簋〉中的「僕臺土田」與《左傳》之「土田
陪敦」、〈閟宮〉之「土田附庸」是同一回事〔註 62〕（後二者是同一回事，
是可以肯定的，但前者則未必，詳下文）。所以，即使〈閟宮〉因用韻的關
係將之寫作「土田附庸」，但《左傳·定公四年》並沒有明顯用韻的情形。
復就分封魯國之事來說，曲阜魯國故城，始建自西周初，其後即沒有改變，
〔註 63〕在成王徙封魯至山東曲阜之前，魯應該是還沒有城郭的，所以把「附
庸」讀爲「附郭」是不合適的。第二種說法強調傳統對「附庸」的解釋，這

〔註 59〕王祥云：「此所謂『因是百蠻』猶〈常式〉（引按，當爲〈崧高〉）的『因是謝
人』，亦猶《左傳·定公四年》的『因商奄之民』以對魯侯伯禽。」說見：〈說
虎臣與庸〉，《考古》1960 年 5 期。又，楊寬亦有類似的說法，見於：〈論西周
時代的奴隸制生產關係〉，《古史新探》中華書局 1965 年。

〔註 60〕參陳漢平：〈僕臺非僕庸辨〉，《古文字論集》1983 年。王人聰：〈琱生簋銘「僕
墉土田」辨析〉，《考古》1994 年 5 期，復收於《古璽印與古文字論集》，香港
中文大學文物館專刊之九，2000 年。

〔註 61〕沈長雲：〈琱生簋銘「僕墉土田」新釋〉，《古文字研究》22 輯，中華書局 2000
年 7 月。

〔註 62〕孫詒讓：《古籀餘論》轉引自《金文詁林》。王國維：《古史新證——王國維最
後的講義》p131，清華大學出版社 1994 年。

〔註 63〕參《曲阜魯國故城》，齊魯書社 1982 年。

點是否可信仍可再討論，但認為「臺」與从庚从用的「庸」字形不同，所以意義也應當不同，這個說法則沒有太多的根據。例如〈毛公鼎〉銘之「余非臺又聞」，「臺」字即應讀為「庸」，各家皆無異說。第一種說法，「因是百蠻」，毛傳云：「長是蠻服之百國也」，鄭箋：「其州界外接蠻服，因見使時節百蠻貢獻之往來。」毛傳以「因」為「長」，文獻中找不到相同的用法，以「時」為「是」則是常見的，所以「因是百蠻」猶「因商奄之民」、「因是謝人」的說法是可信的。但把百蠻、商奄之民、謝人都說成是被役使的庸，則有可商之處。「因」顯然是動詞，用「因」來說與人民關係的文句亦見於《國語・鄭語》，其文云：「公曰：『謝西之九州何如？』對曰：『其民沓貪而忍，不可因也。』」韋昭注：「因，就也。」顯然在這種用法時，「因」並沒有貶損或役使之類的意思，那麼把「謝人」等說成是「庸」，就顯得並不恰當。「以作爾庸」的「以」可訓為「令」、「使」，如《尚書・君奭》：「我不以後人迷。」《戰國策・秦策》：「向欲以齊事王攻宋也」，高誘注：「以猶使也。」〈崧高〉詩句的意思或許當理解為：王令來到謝地的申侯，親就謝人，使之作「爾庸」。這樣來理解，《毛傳》把「庸」訓為「城也」，仍然是可取的。那麼，以〈崧高〉為根據，認為百蠻和商奄之民都是「庸」的說法，恐怕就不是很合適。至於「僕庸」、「附庸」、「陪敦」，從上舉 13 銘和 15 銘來看，讀為「僕庸」是可信的。但「僕庸土田」和「土田僕庸」的意思似乎還是有些區別。16 銘中的「諫」字應該怎麼讀，學界仍有不同的意見，但對於銘文中所說的事情應與土田有關，則是可以肯定的，所以「僕庸土田」，或許應理解為由僕和庸所耕作的土田（把僕庸視為複合詞可能更為合適，理由詳下文）。而在分封時所賞賜的「土田僕庸」則應該是「土田」和「僕」、「庸」（也可能僕庸應連讀）。〔註64〕因為徙封至曲阜的魯，若要說此地先前已經有屬於周王或魯公僕庸所耕作的土田，這種情形似乎不太可能，且「僕庸土田」與「土田僕庸」二者在語序上明顯是有所不同的。

　　至於「庸」的工作性質，〈裘文〉據

　　　　《左傳・昭公三十二年》：「士孫牟營成周……量事期，計徒庸。」

　　　　杜注：「知用幾人功。」

---

〔註64〕顧頡剛對〈閟宮〉之標點即是作「錫之山川、土田、附庸」，其文見：〈周公東征勝利後東土的新封國〉，《中國史學集刊》第一輯，江蘇古籍出版社 1987 年。

《墨子・尚賢中》:「昔者傳說被褐帶索,庸筑乎傅巖。」
指出「庸一般指從事比較重的勞作的,地位較低的勞動者,這是庸勞之『庸』的一個引申義」,其說可從。楊寬亦指出,〈韓奕〉「實墉實壑」以下的一段話,即是庸的主要負擔,「也就是要從工程勞役和農業勞役,並要貢納生產物。」〔註65〕

　　綜上所述,被俘獲或降服的夷狄,會成為周人所役使的僕、庸,僕和庸是有所區別的兩類人,僕的地位略高於庸,這都應該是可以肯定的。當然這些夷狄也有可能成為地位更低的臣、妾。僕的意思有廣有狹,從廣義來說,凡「給事者」都可稱為僕,從狹義來說,西周時的僕,其主要工作是負擔與兵戎有關的事,若配合《左傳・僖公廿四年》的記載來看(上舉之10),僕大概是在王或貴族身邊從事守衛、御車、勞役等工作一類的人。至於庸,應該是從事較粗重工作的被役使者,其與「奴隸主」之間的關係,與僕比較起來,應該是較為疏遠的。從狹義的僕與庸的區別來看,在未能確定西周時的僕是否已有獨立經濟能力的情況下,把〈五年琱生簋〉「僕臺(庸)土田」的「僕臺(庸)」視為複合詞可能是較合適的。而簋銘與封魯時所賞賜的「土墉附庸」、「土田陪敦」,從文意和語序上來說,應該還是有所區別的。至於這些被俘獲或降服的夷狄,那些會成為僕?那些會成為庸?這個問題仍有待進一步研究。

## 二、夷狄對西周的貢賦

　　西周時夷狄貢賦的情形,《逸周書・王會》對各邦國進獻之物曾有詳細的記載。在銅器銘文中也有邦國君長對周王獻納之事,〔註66〕如:

21〈爺伯簋〉:隹王九年九月甲寅,王命益公征眉敖,益公至,告。二月,眉敖至,見,獻貴。……(《集成》4331,圖二、103)

22〈眉敖簋〉:戎獻金于子牙父百車,而易(錫)盨(魯)眉敖金十鈞……
〔註67〕(《集成》4213,圖二、143)

〔註65〕楊寬:〈論西周時代奴隸制生產關係〉,《古史新探》,中華書局 1965 年。
〔註66〕〈史牆盤〉「方蠻亡不馭見」,或以為亦與貢納之事有關,說見于豪亮:〈牆盤銘文考釋〉,《古文字研究》第 7 輯,復收於《于豪亮學術文存》,中華書局 1985 年。劉宗漢:〈說「馭見」──「馭」類字研究之一〉,《古文字研究》19 輯,中華書局 1992 年。此說暫列於此,存以待考。
〔註67〕「魯」通「旅」,有「嘉」義,「錫魯」猶「錫釐」,參于省吾:《甲骨文字釋林・釋魯》、吳闓生:《吉金文錄・卷三・屌敖敦》。

在前面的章節中已經說過，21 銘的眉敖應是「牧誓八國」中的「微」。吳闓生已指出「爯伯敦（引按，即上舉 21）有眉敖，當即此人。」﹝註68﹞陳公柔亦云：「金文中的眉敖，亦見於爯伯歸夆簋及九年裘衛鼎，如為同一個人，則子牙父不可能為鮑叔牙。」﹝註69﹞又，《集成》9635 之〈眉秌壺〉，器主為「𡧓𡨒」，亦應釋為眉敖。﹝註70﹞22 器獻金之原因不明。21 銘云「王命益公征眉敖」，楊樹達已指出「征」為「征行」之意，當訓為「往」，﹝註71﹞則益公此行有若王之使節，眉敖於益公歸周之後來獻貟，此情形與《史記·大宛列傳》記安息國通漢之事有點類似：「初，漢使至安息……漢使還，而後發使隨漢使來觀漢廣大，以大鳥卵及黎軒善眩人獻于漢。及宛西小國……皆隨漢使獻見天子。」只是眉自西周初年即臣服於西周，與安息國首次通漢的情形略有不同，而臣服於大國之使者（或君長）來觀見，要有所貢納，則是一致的。

另外，在〈兮甲盤〉和〈師袁簋〉中記載淮夷對西周的貢納：

23.〈兮甲盤〉：王令兮甲政𤼈成周四方責（積），至于南淮夷。淮夷舊我貟畮人，毋敢不出其貟、其責（積）、其進人……（《集成》10174，圖二、114）

24.〈師袁簋〉：淮夷繇（舊）我貟畮臣……（《集成》4313，圖二、50）

「貟畮人」的「畮」字，郭沫若讀為「賄」，並云：「布帛曰賄，故此貟畮連文。『貟畮人』者猶言賦貢之臣也。」﹝註72﹞陳連慶對此有所批評和修正，云：

這裏的「貟（帛）」指紡織，「畝」（引按，即畮）指農耕，「帛畝臣」即所謂耕織之臣，紡織所出稱為「帛」，農耕所出稱為「責」（引按，即積），故上文說「淮夷舊我帛畝人」，下文即云「母（引按，為毋之誤）敢不出其貟、其責」。「帛」字針對「貟」字，「積」字針對「畝」字。文意前後相關，絲絲入扣。郭氏讀「貟」（引按，為畮之誤）為

﹝註68﹞ 吳闓生：《吉金文錄》卷三，頁三十二。
﹝註69﹞ 陳公柔：〈曾伯霏簋銘中的「金道錫行」及相關問題〉，《中國考古學論叢》，科學出版社 1995 年。以「子牙父」為「鮑叔牙」，及定〈眉敖簋〉為春秋器之說法，參郭沫若：〈屄敖簋銘考釋〉，《考古》1973 年 2 期。劉丕烈：〈子牙父和屄敖〉《考古》1983 年 7 期。周法高：〈屄敖簋銘新考〉，《史語所集刊》55 本 1 分，1984 年。又，22 器一般多認為屬西周器，故不取後說。
﹝註70﹞ 參蔡哲茂：〈釋「𡧓𡨒」〉（大綱）發表於古文字學第 11 次年會，1996 年吉林。
﹝註71﹞ 楊樹達：《積微居金文說·爯伯簋再跋》p207，大通書局 1974 年。
﹝註72﹞ 郭沫若：《大系》（《周代金文圖錄及釋文》頁 144，大通書局 1971 年）。

「賄」，以布帛為「賄」的內容。根據他的解釋，帛字雖能講通，積字卻無著落。〔註73〕

〈兮甲盤〉之「其進人」，郭沫若在上舉文中已指出即「力役之征」，蔡哲茂進一步指出淮夷所「毋敢不出」的員、晦、進人，「猶如《孟子·盡心下》所說的『布縷之征，粟米之征，力役之征』。『進人』當是周王室徵人以各伐玁狁，猶甲骨文所見之『登人』、『共人』。」〔註74〕

西周晚期的〈駒父盨蓋〉亦記載了南淮夷對西周的貢納：

25.〈駒父盨蓋〉：唯王十又八年正月，南仲邦父命駒父盨南諸侯，率高父視南淮夷，毕（厥）取毕（厥）服，堇夷俗。茅（遂）不敢不芍（敬）畏王命，逆視我，〔註75〕毕（厥）獻毕（厥）服……（《集成》4464，圖二、144）

銘文中的「盨」字，各家讀法不一，〔註76〕這點並不影響下面對「厥取厥服」和「厥獻厥服」的討論。銘文中的「服」，黃盛璋已指出：

「服」是貢賦一種，即服貢。《周禮·大宰》「七曰服貢」，注：「服貢，絺紵也。」又《周禮·大行人》：「其貢服物」，注：「服物：無（引按，為玄之誤）繡絺纊也」……服貢主要是布，即絺紵之類。〔註77〕

「厥取厥服」的兩個厥字該怎麼解釋呢？李學勤認為第一個厥字訓「而」，第二個厥字訓「其」，〔註78〕夏含夷認為「在所有的西周時代厥字用例中，『厥』都要訓為第二人稱所有代名詞」，且若依李氏的訓詁法，同一句中的前後兩個厥字意思不同「違背最基本的考據學原則，決不可從。」所以他把這兩句的

---

〔註73〕陳連慶：〈兮甲盤考釋〉，《吉林師大學報》1978年4期。

〔註74〕白川靜：《金文的世界》p140，溫天河、蔡哲茂譯，聯經出版社1989年。

〔註75〕銘文中「父」和「逆」的下一字分別作❂、❂，依裘錫圭之說，當為視字，在此可訓「覜」，《周禮·春秋·大宗伯》：「時聘曰問，殷覜曰視。」《說文》段注：「下於上、上於下，皆得曰覜。」裘說見：〈甲骨文中的見與視〉，《甲骨文發現一百周年學術研討會論文集》1998年，中研院、師大。

〔註76〕「盨」字，王輝直接隸定作「即」，《金文編》（四版）亦認為是「即」字之誤。黃盛璋認為「盨」假借為「就」，李學勤讀為「鳩」，為安撫之意。王輝說見：〈駒父盨蓋銘文試釋〉，《考古與文物》1982年5期。黃盛璋說見：〈駒父盨蓋銘文研究〉，《考古與文物》1983年4期。李學勤說見：〈兮甲盤與駒父盨——論西周末年周朝與淮夷的關係〉，《人文雜志叢刊》第2輯，復收於《新出青銅器研究》，文物出版社1990年。

〔註77〕黃盛璋：〈駒父盨蓋銘文研究〉，《考古與文物》1983年4期。

〔註78〕李學勤說見註76所舉李文。

意思解釋作

> 「駒父⋯⋯見南淮夷厥取厥服」的意思是周王的代表駒父要呈獻給
> 南淮夷他們的兩種貢物。發這個命令的南仲還預定，南淮夷受了周
> 王的貢物之後，會交換地呈獻給我們他們的兩種貢物，因而就謂：「南
> 淮夷⋯⋯逆見我厥獻厥服。」〔註79〕

按，西周銅器銘文中的「厥」字雖然絕大多數應訓爲第三人稱所有代名詞，
但並不表示當時的「厥」字只有一種意思。且按照夏氏的理解，銘文的語序
和所記之事幾乎成爲無法理解的漢語，所以夏氏的說法並不可信。從文意和
虛詞運用的形式來看，「厥取厥服」、「厥獻厥服」的厥字，或許可以有前後一
致的解釋。《經傳釋詞》：「厥，語助也。《書·多士》曰：『誕淫厥泆』，言誕
淫泆也。〈立政〉曰：『文王惟克厥宅心，乃克立茲常事司牧人』，言文王惟克
宅心也。」虛詞有並舉與實詞構成四字句的用法，如《詞詮》於爰字云：「語
首助詞，無義。《集韻》云：『爰，引詞也』。『爰居爰處，爰喪其馬』（《詩·
邶風·擊鼓》）⋯⋯『爰居爰處，爰笑爰語』（又〈小雅·斯干〉）。」〔註80〕
銘文的意思是說，南仲邦父命駒父等「見南淮夷」，具體任務是要「取服」、「菫
夷俗」。後來南淮夷敬畏王命，獻了該獻的「服」。

　　最後，必需說明的是，學者多已指出，在古代，貢和賦是指不同的兩件事，
《尚書·禹貢》把各州的賦貢分開，《左傳·僖公四年》管仲責楚「爾貢苞茅不
入，王祭不共，無以縮酒」，都很清楚地表明了這個情形。賦是田賦、軍賦，《僞
孔傳》於〈禹貢〉之賦即云：「賦，謂土地所生以供天子。」蔡沈《書集傳》亦
云：「九州九等之賦，皆每州歲入總數，以九州多寡相較而爲九等，非以是等田，
而責其出量等賦也。」《周禮·夏官·大司馬》：「凡令賦，以地與民制之。」鄭
玄注：「賦，給軍用者也。」貢則是各地進獻的不同物產。至於王朝向諸侯或外
族所征取的，如上舉之23～25，李學勤認爲是貢而不能稱爲賦，〔註81〕這個說
法由《左傳》所記小國對大國的貢納來看，是可信的，如

> 《左傳·僖公十一年》：「黃人不歸楚貢。」
>
> 《左傳·襄公廿九年》：「叔侯曰：『⋯⋯魯之於晉也，職貢不乏，玩

〔註79〕　夏含夷：〈從駒父盨蓋銘文談周王朝與南淮夷的關係〉，《漢學研究》1987年5
　　　　　卷2期，復收於《溫故知新錄》，稻禾出版社1997年。
〔註80〕　楊樹達：《詞詮》，中華書局1954年。
〔註81〕　同註76所舉李文。

　　好時至，公卿大夫相繼於朝，史不絕書，府無虛月。』」

　　杜注：「無月不受魯貢。」

從這個角度來說，西周時夷狄對西周貢賦情形主要表現在貢這個方面，當然，夷狄所貢之物至少有一部分是可以用在軍賦上的。而貢本應是小國對大國的獻納，在〈駒父盨蓋〉銘文中，周人竟然派人來向南淮夷「取服」，這種情況也顯示出周人對夷狄在經濟壓榨上嚴苛的一面。

# 本章結語

　　本章中分別就周人對殷遺貴族的政策，以及對如何對待臣服的夷狄進行討論。關於前者，除了肯定學界對待殷遺會依臣服與否有所區別的說法之外，並梳理出武王和成王（包括成王之後）兩階段實際作法上的異同。另外，是否如部分學者所言，曾有遷殷遺至陝西之事，本文持否定的態度。除了檢視相關證據皆不足以支持此一現象外，更積極的理由是，明確有遷殷遺之區域，如魯、燕、成周，將三地清楚顯現出的殷周墓葬習俗，與陝西境內未見殷貴族墓地的情況相比較，很難得出西周時曾遷殷貴族至陝西的結論。

　　周人對待臣服之夷狄，情況可大分為兩類：一類帶有「以夷制夷」的意味，確切的例子，如〈克罍〉之「𩫞」，與周關係密切的姜姓部族亦是如此。另一類是成為周人役使的對象。這種役使關係，可以是以整個部族或方國為單位，被穆王征伐後遷於太原的犬戎、周人「舊㠱晦臣」的淮夷，及有貢賦之責，周人取其「服」的南淮夷，皆屬於這種。役使關係尚包括成為周人的「僕」、「庸」。這些「僕」、「庸」的具體身分等級和工作性質都有所差別，前者等級較高，後者工作較為粗重。就二者的來源來說，可能在未成為「庸」之前，「庸」反而是地位較高的貴族。

　　李學勤曾將玁狁和淮夷與西周的關係作一個比較，云：

　　　玁狁是北方主要從事游牧的少數民族，對周朝的威脅是軍事性質的。周朝為了保護自己統治的界域，不得不屢加抗擊。淮夷則是定居的，生產比較發展的人民，他們常服屬于周，向王朝入貢，並與周人有較多的貿易關係。淮夷對周朝的侵犯，很可能是由于周朝的壓迫榨取所激起。〔註82〕

---

〔註82〕同註 76 所舉李文。

這個說法是很具啓發性的，若是將西周對待夷狄的情形與周人對待殷遺的情
形相比較，後者雖然存在一些威嚇的手段，但安撫懷柔的政策還是佔有較多
的成分，但對於夷狄而言，基本上並沒有看到安撫懷柔的一面，經濟壓榨的
一面反而是突出鮮明的。相較於成周所見殷周融合的情況，或許這也是西周
與夷狄關係始終無法由「對外」轉爲「對內」的因素之一。

# 第七章　結　論

　　西周時的對外經略，本文的討論是將時間界定在武王克殷之後，至幽王
爲申侯、犬戎所攻殺。內容是以東、南、西、北四土的擴展與經營爲主，將
相關材料進行廣泛地整理，並儘可能地吸收已有的研究成果，對與此相關的
問題進行討論。最後由歷史延續的角度來考量，探討西周時如何對待在擴展、
經營過程中的臣服者（或被征服者），使其與西周的關係由對外轉變爲對內，
將之附於全文之末。

　　將武王時的情況單獨列爲一章，主要是考慮到武王時對外關係的性質較
爲特殊，武王不但要處理殷遺的問題，更重要的是如何「接收」、管理商王朝
的勢力範圍。若是由成王初年的動亂來看，回溯並檢討武王克殷後這二年中
的經略，更是有其必要性。本文由文獻、金文中所記武王事蹟的整理、分析
入手，提出幾個過去所忽略的想法，包括：克殷之初，武王很可能是將太公
望留在商都，一方面有管理殷人的作用，同時肩負了抵禦可能來犯的親商方
國的任務。復由《逸周書・世俘》中所載方國的地理位置及其與商的關係來
看，可知武王克殷後對四方方國的征討，並不是單純地只是爲了消除擁商勢
力，而是帶有周人勢力擴張的積極性意味。同時，在征討的過程中，也可以
看到後來爲成王所承襲的「以夷制夷」的手段。武王時爲「監殷民」而分封
了管叔、蔡叔、霍叔，三叔受命所「監」的對象並不是武庚，更不是到武庚
封地任監官，而是「監」管、蔡、霍三地的殷民。另一方面，武王又「封紂
子武庚爲殷後」，這四個人中的那三人是成王時所謂的「三監」？其封地又在
那裏？歷來的說法頗爲混亂。關於「三監」爲那三人，如果依管叔、蔡叔、
武庚爲「三監」的說法，無法合理地解釋爲何平叛後會有處分霍叔的記載，

而若依排除武庚爲「三監」的說法，則武庚又必是成王初年動亂的參予者，所以，「三監」、「三監之亂」，必定只能是其中某三人的說法，不論就武王時爲「監」殷民所行的分封，或是就成王初年的動亂來說，都是不合理的表述方式。至於管叔、蔡叔、霍叔的封地有邶、鄘、衛的說法，則應是由於附會而來。另外，武王也已經意識到必需在東方（相對於宗周）建立一個政治、軍事的中心，才能更好地對其治下的人民進行管理。將武王經略的情形綜合起來，武王透過封建諸侯的辦法，同時兼及了殷遺和接收商王朝勢力兩個問題。從經略的範圍來看，已擴及商的西土、南土、中土和周初所說的小東。從方法上來說，不論是封建諸侯，抑或是「以夷制夷」，乃至對殷遺的恩威並施，也都爲成王所承襲，可以說武王對外的經略，在成就上、方法上都爲後來的發展奠立了良好的基礎，創造了有利的條件。

其次，分別由東、南、西、北四土的經營情形來說。在東土方面，經過成、康時期的積極經營，周人勢力（或疆域）擴展至「大東」。在此時期中，透過成王時期相關史事的檢討，可以發現，不論是就平亂的相關記載，抑或是就雒邑的經營來說，過去被用來作爲這段歷史骨幹的《尚書大傳》的記載，其實並非完全可信。從平亂的過程來說，成王是在二年出兵，其間用二年（或三年）的時間來平定亂事，並非如《尚書大傳》所說「一年救亂」。從經營雒邑的情形來說，雒邑是在成王五年三月開始興建，據《尚書‧洛誥》，同年十二月成王在雒邑祭祀文王、武王，若與文王都豐的情形相比較，成王於同年十二月正式以雒邑爲東都是完全可能的。所以《尚書大傳》「七年致政成王」的說法是有疑問的。在〈何尊〉出土之後，雖然已有不少學者對周公攝政七年的傳統說法提出質疑，這點本文也持相同的看法，但並不認爲〈何尊〉可以作爲主要證據來否定文獻的說法，因爲在西周初年，「新邑」一詞具有標定時間的特性，在成王五年十二月仍將雒邑稱爲「新邑」的情況下，五年四月雒邑初營建之時即稱爲「成周」，這是很難令人相信的。至於會有攝政七年的說法，應是對〈洛誥〉中「惟七年」的誤解所致。康王時持續對東夷用兵，或許可視爲對親商方國勢力的持續征討，當然，其中也應帶有在東土（大東）拓展勢力的意味。成康之後對東土的經營，主要是對外族夷狄的征討，主要表現在〈班簋〉、〈晉侯穌鐘〉、〈史密簋〉、〈師袁簋〉等銅器銘文。前二者用兵的原因並不清楚，後二者則應爲同一次戰爭的不同記錄，其原因應是對周王朝有貢納之責的淮夷，聯合山東境內原本受齊、族、逐等國管轄的杞、舟

等方國共同作亂。這次的戰爭，也從另一個側面顯示出成康之後在東土的經營上應該存在著一定程度的規則和秩序，但由於文獻的不足，在這方面可知道的情況並不詳細。由於北土（周人所說的北土）的情況目前所能知道者更少，且周人勢力擴及此區域亦在成王之時，本文將之與東土的情況併為一章。在北土的經營情況，本文中除了對相關銅器和已有的研究成果進行整理、檢討之外，並對燕世系作一些補充，但總的來說，對北土情況的認識，仍有待更多的資料。

南土的經營，在昭王之前雖已分封諸侯至河南中、南部和湖北境內，但湖北境內勢力最強的仍是土著居民－楚荊。透過楚國疆域的發展、長江一帶古銅礦開發生產情況的認識，並將昭王南征相關銅器、文獻綜合起來，昭王征伐的對象－楚、楚荊，並不是後來的楚的說法是可信的，而昭王南征的目的，並非是以「掠銅」為主，其所表現出疆域（或勢力）擴張的意義應是更為鮮明和重要的，這點由歷史情勢的發展來看應是很情楚的。成王、康王時已「接收」、安定了商人的東土區域，昭王對南土（特別是湖北）經營的企圖，很可能就是在此基礎上，努力地將周人的勢力（或疆域）擴及至商代已達及的南土區域。至於昭王以後南土的情況，由於楚（後來的楚國）的日益壯大，周人在湖北一帶的勢力逐漸為楚所取代，故宣王時雖號稱中興，但此時周人所說的南土已主要是河南南部、淮河流域一帶地區，這點由文獻、銅器銘文來看都是很清楚的。但這並不表示西周晚期周人已放棄（或忘卻）湖北是周人的南土，這點由屬王時〈猷鐘〉銘文仍可看出一些端倪。昭王以後對南土的經營雖偶有分封之事，但主要還是表現在與淮夷、南淮夷的對抗，雖然由〈兮甲盤〉、〈師袁簋〉、〈駒父盨〉等銘文仍可約略地知道周人與夷人間存在著統屬關係，但這種關係似乎比較傾向於周人對夷人在經濟方面的榨取，相較於周人對殷遺的懷柔與安撫來說，這方面的措施顯然不太明顯。

在西土方面，周人興起於西土，其與當地的姜姓部族和獫狁、犬狄等外族的關係是本文討論的重點。獫狁是西周晚期來自西北的大患，透過與之相關的文獻、銅器銘文的檢討，獫狁應是與當時北方式青銅文化中的西戎文化有深厚關係的族群，而過去被認為是獫狁入侵地之一的焦獲，經由全面的整理後，這點應與予以修正。另外，學界對獫狁與犬戎的關係往往是將二者等同起來，但由文獻中所見的情況來看，不論是就二者的分布區域，或是西周與二者之間的關係，獫狁與犬戎應該還是有所區別的。另外，犬戎與西周滅

亡的關係，整個事件中犬戎所扮演的並不是主動者，而是作爲申侯的外援出現在此一事件中，其中姜姓部族與西周王室的關係應是西周滅亡更主要的因素（此僅就對外關係來説）。周人的興起得力於姜姓部族，周人與姜姓部族並有世代通婚的情形，姜姓部族對西周西土的安定也有一定的貢獻，但雙方的關係由於「華夏化」程度不同等因素逐漸破裂，乃至於兵戎相向，最後幽王時廢申后，更是切斷了周王室與姜姓部族間已漸趨薄弱的聯繫，最後終亡於申侯（西申）與犬戎的攻殺。

　　總的來説，將西周各王與四土經營的情形配合起來看，西周的對外經略大致可分爲兩個階段，第一個階段是由武王至昭王，第二個階段是由穆王至幽王。在第一個階段中，武王雖然在克殷之後的第二年即崩逝，但這兩年中的作爲，不論是就經營對象，或經營的方法、手段，基本上已奠立了西周對外經營的規模和基礎。成王、康王基本上是以東土、北土的經營爲主，對象主要是繼續與殷商和與殷商有關的勢力的對抗，並將之逐步整合，使殷人的勢力漸趨納入周人掌握。昭王在此基礎上，對南土的經營表現出明顯的企圖和強勢的作爲。可以説，此階段對外經略的重心是周人疆域（或勢力）的擴展。在第二個階段，經營的重心可以用西周與外族的戰爭，以及如何對待這些外族（包括異姓部族）爲主要觀點來認識。在這個階段，淮夷、南淮夷、東夷、犬戎、玁狁等外族陸續出現，除了玁狁之外，其它外族與西周的關係是時服時叛，會有這種情況的原因，除了文化的差異之外，西周對待這些外族時較注重經濟壓榨而疏於安撫也可能是原因之一。而西周的滅亡，從對外關係的因素來説，與其説是亡於犬戎之手，毋寧説是肇因於西周與西土姜姓部族的關係，由逐漸忽視而終致破裂所導致的。

# 參考書目

## 壹、參考書目

一、

### 二畫 丁

1. 丁山，《商周史料考證》，中華書局，1988 年。
2. 丁山，《甲骨文所見氏族及其制度》，中華書局，1988 年。
3. 丁山，〈文武周公疑年〉，《責善半月刊》，二卷 1、2 期，1941 年。
4. 丁山，〈說哭〉，《史語所集刊》，1 本 2 分，1930 年。
5. 丁驌，〈西周王年與殷世新說〉，《中國文字》，新 4 期，1981 年。
6. 丁驌，〈今來翌之疑〉，《殷都學刊》，1994 年 2 期。

### 三畫 于、山

1. 于省吾，《雙劍誃群經新證·諸子新證》，上海書店出版社，1999 年 4 月 1 版。
2. 于省吾，《澤螺居詩經新證》，中華書局，1982 年 11 月 1 版。
3. 于省吾，〈利篇銘文考釋〉，《文物》，1977 年 8 期。
4. 于省吾，〈關於「天亡篇」銘文的幾點論證〉，《考古》，1960 年 8 期。
5. 于省吾，〈釋「岁」和「亞岁」〉，《社會科學戰線》，1983 年 1 期。
6. 于省吾，〈王若曰釋義〉，《中國語文》，1966 年 2 期。
7. 于省吾，〈牆盤銘文十二解〉，《古文字研究》，第 5 輯，中華書局，1981 年。
8. 于省吾，〈釋姜〉，《考古》，1979 年 4 期。

9. 于省吾,〈釋盾〉,《古文字研究》,第 3 輯,中華書局,1980 年。

10. 于豪亮,〈牆盤銘文考釋〉,《古文字研究》,第 7 輯,中華書局,1982 年。（收於《于豪亮學術文存》,中華書局,1985 年。）

11. 于豪亮,〈陝西省扶風縣強家村出土虢季家族銅器銘考釋〉,《古文字研究》,第 9 輯,中華書局,1984 年。（收於《于豪亮學術文存》,中華書局,1985 年。）

12. 于鴻志,〈吳國早期重器冉鉦考〉,《東南文化》,1988 年 2 期。

13. 山田統,〈周初的絕對年代〉,《大陸雜誌》,15 卷 5、6 期,1957 年。

## 四畫　王、尹、方、仇

1. 王人聰,〈珊生簋銘「僕墉土田」辨析〉,《考古》,1994 年 5 期。

2. 王少泉,〈隨縣出土西周青銅單鏊尊〉,《江漢考古》,1981 年 1 期。

3. 王引之,《經義述聞》,據中華書局,1987 年臺 4 版。

4. 王玉哲,〈楚族故地及其遷移路線〉,《周叔弢先生六十生日紀念論文集》,龍門書店,1967 年。

5. 王玉哲,〈周公旦的當政及其東征考〉,《西周史研究》,人文雜志叢刊第二輯,1984 年。

6. 王立新、白於藍,〈釋瓱〉,《于省吾教授百年誕辰紀念文集》,吉林大學出版社,1996 年。

7. 王立新、林澐,〈「桐宮」再考〉,《考古》,1995 年 12 期。

8. 王世民,〈西周春秋金文中的諸侯爵稱〉,《歷史研究》,1983 年 3 期。

9. 王光堯,〈乾隆瓷班簋〉,《故宮博物院院刊》,1999 年 4 期。

10. 王光鎬,《楚文化源流新證》,武漢大學出版社,1988 年。

11. 王光鎬,〈荊楚名實綜議〉,《楚史論叢》,湖北人民出版社,1984 年。

12. 王光鎬,〈黃陂魯臺山西周遺存國屬初論〉,《江漢考古》,1983 年 4 期。

13. 王念孫,《讀書雜誌》,據臺灣商務印書館人人文庫,1978 年 12 月臺一版。

14. 王明珂,〈西周矢國考〉,《大陸雜誌》,75 卷 2 期。

15. 王明珂,〈周人的族源與華夏西部族群邊界的形成〉,《大陸雜誌》,87 卷 2 期,1993 年。

16. 王明珂,〈什麼是民族：以羌族為例探討一個民族誌與民族史研究上的關鍵問題〉,《史語所集刊》,65 本 4 分,1994 年。

17. 王祥,〈說虎臣與庸〉,《考古》,1960 年 5 期。

18. 王冠英,〈周初王位紛爭和周公制禮〉,《周公攝政稱王與周初史事論集》,北京圖書館出版社,1998 年。

19. 王茂富，〈武王崩成王不幼考〉，《中華文化復興月刊》，17 卷 5 期。

20. 王慎行，〈周公攝政稱王質疑〉，《河北學刊》，1986 年 6 期，復收於《古文字與殷周文明》，陝西人民教育出版社，1992 年 12 月。

21. 王貽樑，《穆天子傳匯校集釋》，華東師範大學出版社，1994 年。

22. 王國維，《海寧王靜安先生遺書》，據臺灣商務印書館，民國 68 年 5 月臺二版。

23. 《觀堂集林》，（附別集）據中華書局，1994 年 1 版 6 刷。

24. 王國維、朱右曾，《古本竹書記年輯校·今本竹書紀年疏證》，據世界書局，1977 年再版。

25. 王輝，《古文字通假釋例》，藝文印書館，1993 年 4 月。

26. 王輝，〈駒父盨蓋銘文試釋〉，《考古與文物》，1982 年 5 期。

27. 王輝，〈𤹚𤴙鼎通讀及其相關問題〉，《考古與文物》，1983 年 6 期。

28. 王輝，〈西周畿内地名小考〉，《考古與文物》，1985 年 3 期。

29. 王輝，〈史密簋釋文考地〉，《人文雜志》，1991 年 4 期。

30. 王輝，〈徐銅器銘文零釋〉，《東南文化》，1995 年 1 期。

31. 王翰章、陳良和、李保林，〈虎簋蓋銘文簡釋〉，《考古與文物》，1997 年 3 期。

32. 王顯，〈詩經中跟重言作用相當的有字式、其字式和思字式〉，《語言研究》，1959 年 4 期。

33. 尹盛平主編，《西周微氏家族青銅器群研究》，文物出版社，1992 年。

34. 尹盛平，〈先周文化的初步研究〉，《文物》，1984 年 7 期。

35. 尹盛平，〈關于太伯仲雍奔荊蠻問題〉，《吳文化研究論文集》，中山大學出版社，1988 年。

36. 尹盛平，〈金文昭王南征考略〉，《陝西歷史博物館刊》，第 2 輯，三秦出版社，1995 年。

37. 尹盛平，〈試論金文中的「周」〉，《考古與文物叢刊》（三）。

38. 方述鑫，〈太保罍、盉銘文考釋〉，《考古與文物》，1992 年 6 期。

39. 仇士華、張長壽，〈晉侯墓地 M8 的碳十四年代和晉侯蘇鐘〉，《考古》，1999 年 5 期。

五畫　北、皮、石、田、丘

1. 北京師範大學國學研究所編，《武王克商之年研究》，北京師範大學出版社，1997 年 11 月。

2. 皮錫瑞，《今文尚書考證》，據新文豐出版社，1984 年版。

3. 石泉，〈古文獻中的「江」不是長江的專稱〉，《文史》，第 6 輯，1979 年。

4. 石泉，〈古鄧國鄧縣考〉，《江漢論壇》，1980 年 3 期。

5. 石泉、徐懷寬，〈楚都丹陽地望新探〉，《江漢論壇》，1982 年 3 期。

6. 石璋如，〈殷代的鑄銅工藝〉，《史語所集刊》，第 26 本，1995 年。

7. 田醒農、雒忠如，〈多友鼎的發現及其銘文試釋〉，《人文雜志》，1981 年 4 期。

8. 田廣金、郭素新，《鄂爾多斯式青銅器》，文物出版社，1986 年。

9. 丘光明，《中國歷代度量衡考》，科學出版社，1992 年。

## 六畫　朱、伍、曲、江

1. 朱右曾，《逸周書集訓校釋》，據世界書局，1980 年 3 版。

2. 朱啓新，〈不見文獻記載的史實〉，《中國文物報》，1994 年 1 月 2 日 3 版。

3. 朱鳳瀚、張榮明編，《西周諸王年代研究》，貴州人民出版社，1998 年 7 月。

4. 朱鳳瀚，《商周家族形態研究》，天津古籍出版社，1990 年。

5. 朱鳳瀚，《古代中國青銅器》，南開大學出版社，1995 年。

6. 朱鳳瀚，〈琱生簋銘新探〉，《中華文史論叢》，1989 年 1 期。

7. 朱德熙、裘錫圭，〈戰國時代的「料」和秦漢時代的「半」〉，《文史》，第 8 輯，1980 年，復收於《朱德熙古文字論集》，中華書局，1995 年。

8. 朱熹，《朱子語類》，文津出版社，1986 年。

9. 朱熹，《詩集傳》，世界書局，1981 年 5 版。（《書集傳》，合刊本）

10. 伍仕謙，〈論西周初年的監國制度〉，《人文雜志叢刊》，第 2 輯，1984 年。

11. 伍仕謙，〈王子午鼎、王孫誥鐘銘文考釋〉，《古文字研究》，第 9 輯，中華書局，1984 年。

12. 曲英傑，〈周代燕國考〉，《歷史研究》，1996 年 5 期。

13. 江永，《周禮疑義舉要》，據，《皇清經解》，卷 245。

## 七畫　呂、吳、杜、李、沈、何、邢、汪、宋、郮

1. 呂思勉，《中國民族史》，中國大百科全書出版社，1987 年。

2. 吳鎮烽，〈史密簋銘文考釋〉，《考古與文物》，1989 年 3 期。

3. 杜正勝，《周代城邦》，聯經出版社，1998 年初版 4 刷。

4. 杜正勝，《編戶齊民》，聯經出版社，1992 年 2 刷。

5. 杜正勝，〈周秦民族文化「戎狄性」的考察——兼論關中出土的「北方式」青銅器〉，《大陸雜誌》，87 卷 5 期，1993 年。

6. 杜正勝，〈〈牧誓〉所反映的歷史情境〉，《大陸雜誌》，81 卷 3 期，1990 年。（《古代社會與國家》，允晨文化，1992 年。）

7. 杜正勝，〈尚書中的周公〉，《大陸雜誌》，56 卷 3、4 期，1978 年。（《古代社會與國家》，允晨文化，1992 年。）

8. 杜正勝，〈周代封建的建立〉，《史語所集刊》，50 本 3 分，1979 年。（《古代社會與國家》，允晨文化，1992 年。）

9. 杜正勝，〈略論殷遺民的遭遇與地位〉，《史語所集刊》，53 本 4 分，1982 年。（《古代社會與國家》，允晨文化，1992 年。）

10. 杜正勝，〈周代封建制度的社會結構〉，《史語所集刊》，50 本 3 分，1979 年。（《古代社會與國家》，允晨文化，1992 年。）

11. 杜正勝，〈關於先周歷史的新認識〉，《國立台灣大學歷史學系學報》，16 期，1991 年。（《古代社會與國家》，允晨文化，1992 年。）

12. 杜勇，《尚書周初八誥研究》，中國社會科學出版社，1998 年 12 月。

13. 李天元，〈楚的東進與鄂東古銅礦的開發〉，《江漢考古》，1988 年 2 期。

14. 李白鳳，《東夷襍考》，齊魯書社，1981 年。

15. 李自智，〈東周列國都城的城郭形態〉，《考古與文物》，1997 年 3 期。

16. 李先登，〈禹鼎集釋〉，《中國歷史博物館館刊》，1984 年 6 期。

17. 李民，〈《尚書‧盤庚》所反映的商代貴族和平民間的階級鬥爭〉，《鄭州大學學報》，哲社版，1978 年 2 期。

18. 李民，〈何尊銘文補釋——兼論何尊與〈洛誥〉〉，《中州學刊》，1982 年 1 期，復收於《尚書與古史研究》，中州書畫社，1983 年。

19. 李民，〈《尚書》所見殷人入周後之境遇〉，《人文雜志》，1984 年 5 期。

20. 李民，〈何尊銘文與洛邑〉，《鄭州大學學報》，1991 年 6 期。

21. 李民，〈何尊銘文與洛邑的興建〉，《河洛文明論文集》，中州古籍出版社，1993 年 7 月。

22. 李仲操，〈史密簋銘文補釋〉，《西北大學學報》，1990 年 1 期。

23. 李仲操，〈再論史密簋所記作戰地點〉，《人文雜志》，1992 年 2 期。

24. 李仲操，〈也釋多友鼎銘文〉，《人文雜志》，1982 年 6 期。

25. 李仲操，〈師同鼎「剝胾其井」芻議〉，《人文雜志》，1990 年 6 期。

26. 李仲操，〈兩周金文中的婦女稱謂〉，《古文字研究》，18 輯，中華書局，1992 年。

27. 李伯謙，〈成固銅器群與早期蜀文化〉，《考古與文物》，1983 年 2 期。（收於《中國青銅文化結構體系研究》，科學出版社，1998 年。）

28. 李伯謙，〈冀族族系考〉，《考古與文物》，1987 年 1 期。（收於《中國青銅文化結構體系研究》，科學出版社，1998 年。）

29. 李宗焜，《殷墟甲骨文字表》，北京大學博士論文。

30. 李旼姈,《甲骨文例研究》,國立政治大學中國文學系碩士論文,1999 年 6 月。

31. 李旼姈,〈《詩經》中「中＋N」結構試探〉,《中文研究學報》,第二期,政治大學中文系研究生學會發行,1999 年 6 月。

32. 李延祥,〈中條山古銅礦冶遺址初步考察研究〉,《文物季刊》,1993 年 2 期。

33. 李亞農,《西周與東周·周初諸民族的分佈》,上海人民出版社,1956 年。

34. 李家浩,〈釋弁〉,《古文字研究》,第 1 輯,中華書局,1979 年。

35. 李家浩,〈戰國時代的「冢」字〉,《語言學論叢》,第 7 輯,商務印書館,1981 年。

36. 李家浩,〈信陽楚簡「澮」字及从「㳷」之字〉,《中國語文學報》,第 1 期,1982 年。

37. 李家浩,〈包山竹簡所見楚先祖名及其相關的問題〉,《文史》,42 輯,1997 年。

38. 李家浩,〈秦漢簡帛文字詞語雜釋〉,《第二屆國際暨第四屆全國訓詁學學術研討會論文集》,1998 年台灣師大。

39. 李家浩,〈應國爯簋銘文考釋〉,《文物》,1999 年 9 期,復見於,《保利藏金》,嶺南美術出版社,1999 年。

40. 李海榮,〈關中地區出土商時期青銅器文化因素分析〉,《考古與文物》,2000 年 2 期。

41. 李峰,〈試論陝西出土商代銅器的分期與分區〉,《考古與文物》,1986 年 3 期。

42. 李裕民,〈古字新考〉中國古文字研究會,1981 年年會論文。

43. 李啟良,〈陝西安康市出土西周史密簋〉,《考古與文物》,1989 年 3 期。

44. 李朝遠,〈青銅器上所見西周文化在南方影響的遞衰〉,《中原文物》,1997 年 2 期。

45. 李零,〈秦駰禱病玉版的研究〉,《國學研究》,第 6 卷,1999 年。

46. 李學勤,《殷代地理簡論》,科學出版社,1959 年。

47. 李學勤,《周易經傳溯源》,麗文文化,1995 年。

48. 李學勤,〈應監甗新說〉,《江西歷史文物》,1987 年 1 期。(收於《李學勤集》,黑龍江教育出版社,1989 年。)

49. 李學勤,〈世俘篇研究〉,《史學月刊》,1988 年 6 期。(收於《李學勤集》,黑龍江教育出版社,1989 年。)

50. 李學勤,〈《商誓》篇研究〉。(收於《古文獻叢論》,上海遠東出版社,1996 年 11 月。)

51. 李學勤，〈嘗麥篇研究〉，《西周史論文集》，陝西人民教育出版社，1993年。（收於《古文獻叢論》，上海遠東出版社，1996年11月。）

52. 李學勤，〈多友鼎的「𠂤」字及其他〉。（收於《新出青銅器研究》，文物出版社，1990年。）

53. 李學勤，〈何尊新釋〉，《中原文物》，1981年1期。（收於《新出青銅器研究》，文物出版社，1990年。）

54. 李學勤，〈秦國文物的新認識〉，《文物》，1980年9期。（收於《新出青銅器研究》，文物出版社，1990年。）

55. 李學勤，〈北京、寧遼出土青銅器與周初的燕〉，《考古》，1975年5期。（收於《新出青銅器研究》，文物出版社，1990年。）

56. 李學勤，〈試論孤竹〉，《社會科學戰線》，1983年2期。（收於《新出青銅器研究》，文物出版社，1990年。）

57. 李學勤，〈元氏銅器與西周的邢國〉，《考古》，1979年1期。（收於《新出青銅器研究》，文物出版社，1990年。）

58. 李學勤，〈盤龍城與商朝的南土〉，《文物》，1976年2期。（收於《新出青銅器研究》，文物出版社，1990年。）

59. 李學勤，〈從新出青銅器看長江下游文化的發展〉，《文物》，1980年8期。（收於《新出青銅器研究》，文物出版社，1990年。）

60. 李學勤，〈論史牆盤及其意義〉，《考古學報》，1978年2期。（收於《新出青銅器研究》，文物出版社，1990年。）

61. 李學勤，〈西周中期青銅器的重要標尺〉，《中國歷史博物館館刊》，1979年1期。（收於《新出青銅器研究》，文物出版社，1990年。）

62. 李學勤，〈兮甲盤與駒父盨——論西周末年周朝與淮夷的關係〉，《人文雜志叢刊》，第2輯，《西周史研究》，1984年。（收於《新出青銅器研究》，文物出版社，1990年。）

63. 李學勤，〈論多友鼎的時代及意義〉，《人文雜志》，1981年6期。（收於《新出青銅器研究》，文物出版社，1990年。）

64. 李學勤，〈師同鼎試探〉，《文物》，1983年6期。（收於《新出青銅器研究》，文物出版社，1990年。）

65. 李學勤，〈青銅器與周原遺址〉，《西北大學學報》，1981年2期。（收於《新出青銅器研究》，文物出版社，1990年。）

66. 李學勤，〈克罍克盉的幾個問題〉，《第二屆國際中國古文字學研討會論文集》，香港中文大學，1993年。（收於《走出疑古時代》，遼寧大學出版社，1994年。）

67. 李學勤，〈史密簋銘所記西周重要史實考〉，《中國社會科學院研究生院學報》，1991年2期。（收於《走出疑古時代》，遼寧大學出版社，1994年。）

68. 李學勤,〈宜侯夨簋的人與地〉(收於《走出疑古時代》,遼寧大學出版社,1994 年。)

69. 李學勤,〈晉侯穌編鐘的時、地、人〉,《中國文物報》,1996 年 12 月 1 日,3 版。(收於《綴古集》,上海古籍出版社,1998 年。)

70. 李學勤,〈楚青銅器與楚文化〉(收於《綴古集》,上海古籍出版社,1998 年。)

71. 李學勤,〈包山楚簡中的土地買賣〉中國文物報,1992 年 3 月 22 日。(收於《綴古集》,上海古籍出版社,1998 年。)

72. 李學勤,〈靜方鼎與周昭王曆日〉,《光明日報》,1997 年 12 月 23 日。(收於《夏商周年代學箚記》,遼寧大學出版社,1999 年 10 月。)

73. 李學勤,〈靜方鼎補釋〉(收於《夏商周年代學箚記》,遼寧大學出版社,1999 年 10 月。)

74. 李學勤,〈讀《甲骨文日月食研究與武丁、殷商的可能年代》〉(收於《夏商周年代學箚記》,遼寧大學出版社,1999 年 10 月。)

75. 李學勤,〈談長江流域的商代青銅文化〉,《長江文化論集》,第 1 輯,湖北教育出版社,1995 年。(收於《比較考古學隨筆》,廣西師範大學出版社,1997 年。)

76. 李學勤,〈曲阜周代墓葬的兩種類型〉(收於《比較考古學隨筆》,廣西師範大學出版社,1997 年。)

77. 李學勤,〈帝乙時代的非王卜辭〉,《考古學報》,1958 年 1 期。

78. 李學勤,〈周原卜辭選釋〉,《古文字研究》,第 4 輯,中華書局,1980 年。

79. 李學勤,〈釋多君多子〉,《甲骨文與殷商史》,第 1 輯,上海古籍出版社,1983 年。

80. 李學勤,〈論仲爯父簋與申國〉,《中原文物》,1984 年 4 期。

81. 李學勤,〈晉公盎的幾個問題〉,《出土文獻研究》,1985 年。

82. 李學勤,〈論曶鼎及其反映的西周制度〉,《中國史研究》,1985 年 1 期。

83. 李學勤,〈光山黃國墓的幾個問題〉,《考古與文物》,1985 年 2 期。

84. 李學勤,〈論長安花園村兩墓青銅器〉,《文物》,1986 年 1 期。

85. 李學勤,〈班簋續考〉,《古文字研究》,13 輯,中華書局,1986 年。

86. 李學勤,〈論西周金文的六師、八師〉,《華夏考古》,1987 年 2 期。

87. 李學勤,〈考古發現與古代姓氏制度〉,《考古》,1987 年 3 期。

88. 李學勤,〈小盂鼎與西周制度〉,《歷史研究》,1987 年 5 期。

89. 李學勤,〈太保玉戈與江漢的開發〉,《楚文化研究論集》,第二集,湖北人民出版社,1991 年 3 月。

90. 李學勤，〈日名的卜選〉，〈海外訪古續記（二）〉，《文物天地》，1993 年 6 期。復收於《四海尋珍》，清華大學出版社，1998 年。

91. 李學勤，〈中方鼎與周易〉，《文物研究》，第 6 輯，復收於《周易經傳溯源》，麗文文化，1995 年。

92. 李學勤，〈文王玉環考〉，《華學》，第 1 輯，1995 年。

93. 李學勤，〈靜方鼎考釋〉，《第三屆國際中國古文字學研討會論文》，1997 年。

94. 李學勤，〈〈洪範〉的成篇時代〉，《失落的文明》，上海文藝出版社，1997 年 12 月。

95. 李學勤，〈先秦人名的命名原則〉，《失落的文明》，上海文藝出版社，1997 年。

96. 李學勤，〈談盂方鼎及其他〉，《文物》，1997 年 12 期。

97. 李學勤，〈花園莊東地卜辭的「子」〉，《河南博物院落成暨河南省博物館建館 70 周年紀念論文集》，1998 年。

98. 李學勤，〈蕩社、唐土與老牛坡遺址〉，《周秦文化研究》，陝西人民出版社，1998 年。

99. 李學勤，〈釋郭店簡祭公之顧命〉，《文物》，1998 年 7 期。

100. 李學勤，〈柞伯簋銘文考釋〉，《文物》，1998 年 11 期。

101. 李學勤，〈師兌簋與初吉〉，《中國古文字研究》，第 1 輯，吉林大學出版社，1999 年。

102. 李學勤，〈戎生編鐘論釋〉，《文物》，1999 年 9 期。復收於《保利藏金》，嶺南美術館出版社，1999 年。

103. 李學勤，〈秦玉牘索隱〉，《故宮博物院院刊》，2000 年 2 期。

104. 李學勤，〈西周青銅器研究的堅實基礎——讀《西周青銅器分期斷代研究》〉，《文物》，2000 年 5 期。

105. 李學勤，〈釋「郊」〉，《文史》，36 輯。

106. 沈培，《殷墟甲骨卜辭語序研究》，文津出版社，1992 年 11 月。

107. 沈長雲，〈玁狁、鬼方、姜氏之戎不同族別考〉，《人文雜志》，1983 年 3 期。

108. 沈長雲，〈《書·牧誓》「友邦冢君」釋義〉，《人文雜志》，1986 年 3 期。

109. 沈長雲，〈談銅器銘文的的「天王」及相關歷史問題〉，《考古與文物》，1989 年 6 期。

110. 沈長雲，〈論成康時代和成康時代的青銅銘刻〉，《中原文物》，1997 年 2 期。

111. 沈長雲，〈說燕國的分封在康王之世——兼說銘有"匽侯"的周初銅器〉，

《中國歷史博物館刊》，1999 年 2 期。

112. 沈長雲，〈驪戎考〉，《中國史研究》，2000 年 3 期。

113. 沈長雲，〈珊生簋銘「僕墉土田」新釋〉，《古文字研究》，22 輯，中華書局 2000 年 7 月。

114. 何光岳，〈荊楚的來源及其遷移〉，《求索》，1981 年 4 期。

115. 何幼琦，〈周公東征概述〉，《東嶽論叢》，1983 年 1 期，復收於《西周年代學論叢》，湖北人民出版社，1989 年。

116. 何幼琦，〈周武王克商的年代問題〉收於《武王克商之年研究》，北京師範大學出版社，1997 年 11 月。

117. 何琳儀，〈釋洀〉中國古文字研究會第八屆年會論文，1990 年。

118. 何樹環，《西周土地所有權研究》，政大中文所碩士論文，1996 年。

119. 何樹環，〈說「迍」〉，《第二屆國際暨第四屆全國訓詁學學術研討會論文集》，1998 年 12 月。

120. 何樹環，〈說營〉第九屆中國文字學全國學術研討會論文，師大，1998 年。

121. 何樹環，〈肁、肇、肇三字構形研究〉第十一屆中國文字學全國學術研討會論文，台南師院 2000 年 10 月。

122. 何樹環，〈金文釋讀二則〉第五屆全國訓詁學學術研討會，台中逢甲 2000 年 12 月。

123. 何樹環，〈賣及从賣諸字補釋〉，《大陸雜誌》，103 卷 3 期 2001 年。

124. 何樹環，〈米字再探──兼釋待〉，《中山人文學術論叢》，第六輯，澳門出版社 2005 年 8 月。

125. 邢公畹，〈漢台語構詞法的一個比較研究──大名冠小名〉，《國文月刊》，77 期，1949 年，復收於《中國語文研究參考資料選輯》，1955 年。

126. 汪中文，〈「伯戎」與「㝬」、「㝬伯戎」諸器間系聯問題之檢討〉，《大陸雜誌》，79 卷 3 期，1989 年。

127. 宋永祥，〈試析皖南周代青銅器的幾個地方特徵〉，《東南文化》，1988 年 5 期。

128. 宋新潮，〈試論陝西出土的商代銅器〉，《文博》，1，1989 年 3 期。

129. 邨笛，〈卜辭考釋數則〉，《古文字研究》，第 6 輯，中華書局，1982 年。

## 八畫　林、屈、周、孟、尚、季、金

1. 林宏明，《戰國中山國文字研究》，國立政治大學中國文學系碩士論文，1997 年。

2. 林春溥，《武王克殷日記》，附於，《逸周書集訓校釋》，之後，世界書局，

1980 年版。

3. 林澐，〈甲骨文中的商代方國聯盟〉，《古文字研究》，第 6 輯，中華書局，1982 年。（收於《林澐學術文集》，中國大百科全書出版社，1998 年。）

4. 林澐，〈釋史牆盤銘中的「逖虘髟」〉，《陝西歷史博物館館刊》，第 1 輯，三秦出版社，1994 年。（收於《林澐學術文集》，中國大百科全書出版社，1998 年。）

5. 林澐，〈說飄風〉，《于省吾教授百年誕辰紀念文集》，吉林大學出版社，1996 年。（收於《林澐學術文集》，中國大百科全書出版社，1998 年。）

6. 林澐，〈豐豐辨〉，《古文字研究》，12 輯，中華書局，1986 年。（收於《林澐學術文集》，中國大百科全書出版社，1998 年。）

7. 林澐，〈天亡簋「王祀於天室」新解〉，《史學集刊》，1993 年 3 期，復收於《周秦文化研究》，陝西人民出版社，1998 年 11 月。（收於《林澐學術文集》，中國大百科全書出版社，1998 年。）

8. 林澐，〈燕亳和燕亳邦小議〉，《史學集刊》，1994 年 2 期。（收於《林澐學術文集》，中國大百科全書出版社，1998 年。）

9. 林澐，〈塙生簋新釋〉，《古文字研究》，第 3 輯，中華書局，1980 年。（收於《林澐學術文集》，中國大百科全書出版社，1998 年。）

10. 林澐，〈對早期銅器銘文的幾點看法〉，《古文字研究》，第 5 輯，中華書局，1981 年。（收於《林澐學術文集》，中國大百科全書出版社，1998 年。）

11. 林澐，〈商文化青銅器與北方地區青銅器關係之再研究〉，《考古學文化論集》，（一）文物出版社，1987 年。（收於《林澐學術文集》，中國大百科全書出版社，1998 年。）

12. 林澐，〈新版《金文編》正文部分釋字商榷〉，1990 年。

13. 林澐，〈說貊〉，《史學集刊》，1999 年 4 期。

14. 屈萬里，《尚書集釋》，聯經出版社，1986 年初版二刷。（收於《書傭論學集》，台灣開明書店，1980 年 2 版。）

15. 屈萬里，〈讀周書世俘篇〉，《慶祝李濟先生七十歲論文集》，清華學報社，1965 年。（收於《書傭論學集》，台灣開明書店，1980 年 2 版。）

16. 屈萬里，〈謚法濫觴于殷代論〉，《史語所集刊》，13 本。（收於《書傭論學集》，台灣開明書店，1980 年 2 版。）

17. 屈萬里，〈岳義稽古〉，《清華學報》，新二卷一期。（收於《書傭論學集》，台灣開明書店，1980 年 2 版。）

18. 屈萬里，〈曾伯霏簠考釋〉，《史語所集刊》，33 本，1962 年。（收於《書傭論學集》，台灣開明書店，1980 年 2 版。）

19. 屈萬里，〈周易卦爻辭成於周武王考〉，《國立台灣大學文史學報》，第 1 期，1950 年。（收於《書傭論學集》，台灣開明書店，1980 年 2 版。）

20. 屈萬里，〈西周史事概述〉，《史語所集刊》，42 本 4 分，1971 年。

21. 屈萬里，〈關於所謂周公旦「踐阼稱王」問題敬復徐復觀先生〉，《東方雜誌》，復刊號 7 卷 7 期，1974 年。

22. 周永珍，〈曾國與曾國銅器〉，《考古》，1980 年 5 期。

23. 周永珍，〈西周時期的應國、鄧國銅器及地理位置〉，《考古》，1982 年 1 期。

24. 周永珍，〈殷代韋字銘文銅器〉，《出土文獻研究》，文物出版社，1985 年 6 月。

25. 周法高，〈師旂鼎考釋〉，《金文零釋》，台聯國風出版社，1972 年重刊本。

26. 周法高，〈㝬敦簋銘新考〉，《史語所集刊》，55 本 1 分，1984 年。

27. 周書燦，〈由員卣銘文論及西周王朝對南土經營的年代〉，《考古與文物》，1999 年 3 期。復收於《西周王朝經營四土研究》，中州古籍出版社 2000 年 4 月。

28. 周曉陸，〈盱眙所出重金絡鐳、陳璋圓壺讀考〉，《考古》，1988 年 3 期。

29. 孟世凱，〈商代「北土」方國與氏族初探〉，《河北學刊》，1991 年 6 期。

30. 尚志儒，〈鄭、棫林之故地及其源流探討〉，《古文字研究》，13 輯，中華書局，1986 年。

31. 尚志儒，〈奠井國銅器及其史跡之研究〉，《中國考古學研究論集──紀念夏鼐先生考古五十周年》，三秦出版社，1987 年。

32. 尚志儒，〈西周金文中的豐國〉，《文博》，1991 年 4 期。

33. 尚志儒，〈略論西周金文中的「㽙夷」問題〉，《西周史論文集》，陝西人民教育出版社，1993 年。

34. 尚志儒，〈西周金文中的井國〉，《文博》，1993 年 3 期。

35. 金國泰，〈西周軍事銘文中的「追」字〉，《于省吾教授百年誕辰紀念文集》，吉林大學出版社，1996 年。

## 九畫　姚、俞、胡、洪、段、宮

1. 姚孝遂，〈讀，《小屯南地甲骨》，箚記·今來翌〉，《古文字研究》，第 12 輯，中華書局，1985 年。

2. 俞偉超，〈關于楚文化發展的新探討〉，《江漢考古》，1980 年 1 期。

3. 俞樾，《古書疑義舉例》，世界書局，1992 年 5 月 3 版。

4. 胡平生、韓自強編著，《阜陽漢簡詩經研究》，上海古籍出版社，1988 年。

5. 胡厚宣，〈楚氏族源於東方考〉，《史學論叢》，第 1 冊，1934 年，據成文出版社，1985 年。

6. 胡厚宣，〈釋「余一人」〉，《歷史研究》，1957 年 1 期。

7. 胡厚宣，〈卜辭地名與古人居丘說〉，《甲骨學商史論叢初集》，大通書局，1972 年。

8. 胡厚宣，〈重論「余一人」問題〉，《古文字研究》，第 6 輯，中華書局，1981 年。

9. 洪家義，〈關於天亡簋所記史事的性質〉，《東南文化》，1987 年 2 期。

10. 洪誠，《訓詁學》，江蘇古籍出版社，1984 年。

11. 段紹嘉，〈陝西藍田縣出土弭叔等彝器簡介〉，《文物》，1960 年 2 期。

12. 段渝，〈西周時代楚國疆域的幾個問題〉，《中國史研究》，1997 年 4 期。

13. 宮長爲，〈周公何以攝政稱王〉，《周公攝政稱王與周初史事論集》，北京圖書館出版社，1998 年。

## 十畫　郭、孫、徐、唐、祝、晁、耿、馬、殷、高、郝、逢、袁、夏

1. 郭人民，〈文王化行南國與周人經營江漢〉，《河南師大學報》，1980 年 2 期。

2. 郭沫若，《中國古代社會研究》，人民出版社，1954 年。

3. 郭沫若，〈弭叔簋及訇簋考釋〉，《文物》，1960 年 2 期。

4. 郭沫若，〈班簋的再發現〉，《文物》，1972 年 9 期。

5. 郭沫若，〈昜教簋銘考釋〉，《考古》，1973 年 2 期。

6. 郭偉川，〈周公稱王與周初禮治〉，《周公攝政稱王與周初史事論集》，北京圖書館出版社，1998 年。

7. 郭寶鈞，《商周銅器群綜合研究》，文物出版社，1981 年。

8. 孫作雲，〈說𨚵在西周時代爲北方軍事重鎮〉，《河南師大學報》，1983 年 3 期。

9. 孫希旦，《禮記集解》，據文史哲出版社，1973 年 10 月再版。

10. 孫常敍，〈天亡簋問字疑年〉，《吉林師範大學學報》，1963 年 1 期，後收於《孫常敍古文字學論集》，東北師範大學出版社，1998 年 7 月。

11. 孫華，〈匽侯克器銘文淺見——兼談召公建燕及其相關問題〉，《文物春秋》，1992 年 3 期。

12. 孫德謙，《太史公書義法》，據台灣中華書局，1969 年 1 月臺一版。

13. 孫稚雛，〈保卣銘文匯釋〉，《古文字研究》，第 5 輯，中華書局，1981 年。

14. 徐中舒，〈𣄰敦考釋〉，《史語所集刊》，5 本 2 分。復收於《上古史論》，天山出版社，1986 年。

15. 徐中舒，〈殷周之際史蹟之檢討〉，《史語所集刊》，7 本 2 分，1936 年。

16. 徐中舒，〈禹鼎的年代及其相關問題〉，《考古學報》，1959 年 3 期。

17. 徐中舒，〈西周牆盤銘文箋釋〉，《考古學報》，1978 年 2 期。

18. 徐中舒,〈西周史論述〉（上）,《四川大學學報》,1979 年 3 期。

19. 徐中舒,〈周原甲骨初論〉,《四川大學學報叢刊》,1982 年 10 輯,《古文字研究論文集》。

20. 徐少華,《周代南土歷史地理與文化》,武漢大學出版社,1994 年。

21. 徐少華,〈呂國銅器及其歷史地理探疑〉,《中原文物》,1996 年 4 期。

22. 徐天進,〈日本出光美術館收藏的靜方鼎〉,《文物》,1998 年 5 期。

23. 徐喜辰,〈「何尊」銘文中的「王」當指周公說〉,《西周史研究》,人文雜志叢刊第二輯,1984 年。

24. 徐復觀,〈與陳夢家屈萬裏先生商討周公旦曾否踐阼稱王的問題〉,《東方雜誌》,復刊號 6 卷 7 期,1973 年。

25. 徐錫祺,《新編中國三千年曆日檢索表》,人民教育出版社,1997 年。

26. 徐錫臺,〈應、申、鄧、柞等國銅器銘文考釋〉,《容庚先生百年誕辰紀念文集》,廣東人民出版社,1998 年。

27. 徐錫臺、李自智,〈太保玉戈銘補釋〉,《考古與文物》,1993 年 3 期。

28. 唐鈺明,〈億表十萬與萬萬的時代層次〉,《中國語言學報》,第 8 期,1997 年。

29. 唐蘭,〈論昭王時代的青銅器銘刻〉,《古文字研究》,第 2 輯中華書局,1981。（收於《唐蘭先生金文論集》,紫禁城出版社,1995 年。）

30. 唐蘭,〈何尊銘文解釋〉,《文物》,1976 年 1 期。（收於《唐蘭先生金文論集》,紫禁城出版社,1995 年。）

31. 唐蘭,〈用青銅器銘文來研究西周史〉,《文物》,1976 年 6 期。（收於《唐蘭先生金文論集》,紫禁城出版社,1995 年。）

32. 唐蘭,〈從河南鄭州出土的商代前期青銅器談起〉,《文物》,1973 年 7 期。（收於《唐蘭先生金文論集》,紫禁城出版社,1995 年。）

33. 唐蘭,〈西周銅器斷代中的「康宮」問題〉,《考古學報》,1962 年 1 期。（收於《唐蘭先生金文論集》,紫禁城出版社,1995 年。）

34. 唐蘭,〈宜侯夨簋考釋〉,《考古學報》,1956 年 2 期。（收於《唐蘭先生金文論集》,紫禁城出版社,1995 年。）

35. 唐蘭,〈略論西周微史家族窖藏銅器群的重要意義——陝西扶風新出墻盤銘文解釋〉,《文物》,1978 年 3 期。（收於《唐蘭先生金文論集》,紫禁城出版社,1995 年。）

36. 唐蘭,〈永盂銘文解釋〉,《文物》,1972 年 1 期。（收於《唐蘭先生金文論集》,紫禁城出版社,1995 年。）

37. 唐蘭,〈永盂銘文解釋的一些補充〉,《文物》,1972 年 11 期。（收於《唐蘭先生金文論集》,紫禁城出版社,1995 年。）

38. 唐蘭，〈關於大克鐘〉，《出土文獻研究》，文物出版社，1985 年。（收於《唐蘭先生金文論集》，紫禁城出版社，1995 年。）

39. 祝中熹，〈振旅新解〉，《人文雜志》，1992 年 5 期。

40. 晁福林，〈試論殷代的王權與神權〉，《社會科學戰線》，1984 年 4 期。

41. 晁福林，〈淺談西周分封制的若干問題〉，《西周史論文集》，陝西人民教育出版社，1993 年。

42. 耿鐵華，〈應監甗考釋〉，《東北師大學報》，1981 年 6 期。

43. 耿鐵華，〈關於西周監國制度的幾件銅器〉，《考古與文物》，1985 年 4 期。

44. 馬世之，《中原楚文化研究》，湖北教育出版社，1995 年。

45. 馬承源，〈記上海博物館新收集的青銅器〉，《文物》，1964 年 7 期。

46. 馬承源，〈何尊銘文初釋〉，《文物》，1976 年 1 期。

47. 馬承源，〈關於翏生盨和者減鐘的幾點意見〉，《考古》，1979 年 1 期。

48. 馬承源，〈西周金文和周曆的研究〉，《上海博物館集刊》，1982 年。

49. 馬承源，〈晉侯𩰚盨〉，《第二屆國際中國古文字學研討會論文集》，1993 年。

50. 馬承源，〈晉侯穌編鐘〉，《上海博物館集刊》，第 7 輯，1996 年。

51. 馬承源，〈戎生鐘銘文的探討〉，《保利藏金》，嶺南美術館出版社，1999 年。

52. 馬瑞辰，《毛詩傳箋通釋》，台灣中華書局，1980 年台三版。

53. 殷之彝，〈山東益都蘇埠屯墓地和『亞醜』銅器〉，《考古學報》，1977 年 2 期。

54. 殷瑋璋，〈新出土的太保銅器及其相關問題〉，《考古》，1990 年 10 期。

55. 殷瑋璋、曹淑琴，〈周初太保器綜合研究〉，《考古學報》，1991 年 1 期。

56. 殷國光等，《呂氏春秋譯注》，建宏出版社，1996 年 1 月初版。

57. 高本漢注，陳舜政譯，《書經注釋》，國立編譯館，1981 年 8 再版。

58. 高亨，《古字通假會典》，齊魯書社，1997 年 1 版 2 刷。

59. 高至喜，〈「商文化不過長江」辨──從考古發現看湖南的商代文化〉，《求索》，1981 年 2 期。

60. 高智群，〈獻俘禮研究〉，《文史》，35 輯，1992 年。

61. 高應勤、程耀庭，〈談丹陽〉，《江漢考古》，1980 年 2 期。

62. 郝本性，〈壽縣楚器銘文新探〉中國古文字研究會，1981 年年會論文。

63. 逢振鎬，〈東夷及其史前文化試論〉，《東夷古國史研究》，第 1 輯，三秦出版社，1988 年。

64. 袁俊傑、姜濤、王龍正，〈新發現的柞伯簋及其銘文考釋〉，《文物》，1998

年 9 期。

65. 袁梅,《詩經譯注》,齊魯書社,1987 年 1 版。

66. 夏含夷,〈也談武王的卒王──兼論《今本竹書紀年》的真偽〉,《文史》,29 輯,1988 年。(收於《溫故知新錄》,稻禾出版社,1997 年。)

67. 夏含夷,〈《竹書紀年》與周武王克商的年代〉,《文史》,38 輯,1994 年。(收於《溫故知新錄》,稻禾出版社,1997 年。)

68. 夏含夷,〈簡論「保卣」的作者問題〉,《上海博物館集刊》,第五輯,1990 年。(收於《溫故知新錄》,稻禾出版社,1997 年。)

69. 夏含夷,〈周公居東新說──兼論〈召誥〉、〈君奭〉著作背景和意旨〉,《西周史論文集》,陝西人民教育出版社,1993 年。(收於《溫故知新錄》,稻禾出版社,1997 年。)

70. 夏含夷,〈釋禦方〉,《古文字研究》,第 9 輯,中華書局,1984 年。(收於《溫故知新錄》,稻禾出版社,1997 年。)

71. 夏含夷,〈西周之衰微〉,《盡心集》,中國社會科學出版社,1996 年。(收於《溫故知新錄》,稻禾出版社,1997 年。)

72. 夏含夷,〈早期商周關係及其對武丁以後殷商王室勢力範圍的意義〉,《九州學刊》,卷 1 期,1987 年。(收於《溫故知新錄》,稻禾出版社,1997 年。)

73. 夏含夷,〈從駒父盨蓋銘文談周王朝與南淮夷的關係〉,《漢學研究》,5 卷 2 期,1987 年。(收於《溫故知新錄》,稻禾出版社,1997 年。)

74. 夏含夷,〈父不父,子不子──試論西周中期詢簋和師酉簋的斷代〉,《古文字與古文獻》,試刊號,1999 年 10 月。

75. 夏鼐、殷瑋璋,〈湖北銅綠山古銅礦〉,《考古學報》,1982 年 1 期。

## 十一畫　張、莊、陳、章、崔、許、盛、華、梁、曹

1. 張永山,〈史密簋銘與周史研究〉,《盡心集》,中國社會科學出版社,1996 年 11 月。

2. 張正明、劉玉堂,〈大冶銅綠山古銅礦的國屬──兼論上古產銅中心的變遷〉,《楚史論叢》,湖北人民出版社,1984 年。

3. 張光裕,〈藍田新出土的應侯鐘與書道藏器的復合〉,《東方文化》,15 卷 2 期,1977 年,復收於《雪齋論文集》,藝文印書館,1989 年。

4. 張光裕,〈新見保員簋試釋〉,《考古》,1991 年 7 期。

5. 張亞初、劉雨,《西周金文官制研究》,中華書局,1986 年 5 月。

6. 張亞初,〈論魯臺山西周墓的年代及族屬〉,《江漢考古》,1984 年 2 期。

7. 張亞初,〈解放後出土的若干西周銅器銘文的補釋〉,《出土文獻研究》,文物出版社,1985 年 6 月。

8. 張亞初，〈商代職官研究〉，《古文字研究》，第 13 輯，中華書局，1986年。

9. 張亞初，〈古文字分類考釋論稿〉，《古文字研究》，17 輯，中華書局，1989年。

10. 張亞初，〈燕國青銅器銘文研究〉中國社科院考古所編，《中國考古學論叢》，科學出版社，1995 年。

11. 張培瑜，〈甲骨文日月食與商王武丁的年代〉，《文物》，1999 年 3 期。

12. 張政烺，〈奭字說〉，《六同別錄》，史語所，1945 年，復見於，《史語所集刊》，13 本。

13. 張政烺，〈何尊銘文解釋補遺〉，《文物》，1976 年 1 期。

14. 張政烺，〈試論周初青銅器銘文中的易卦〉，《考古學報》，1980 年 4 期。

15. 張政烺，〈周厲王胡簋釋文〉，《古文字研究》，第 3 輯，中華書局，1980。

16. 張政烺，〈哀成叔鼎釋文〉，《古文字研究》，第 5 輯，中華書局，1981 年。

17. 張政烺，〈夨王簋蓋跋──評王國維《古諸侯稱王說》〉，《古文字研究》，13 輯中華書局，1986 年。

18. 張桂光，〈沬司徒疑簋及其相關問題〉，《古文字研究》，22 輯，中華書局2000 年 7 月。

19. 張聞玉，〈帝辛、文王年代考〉，《西周王年論稿》，貴州人民出版社，1996年。

20. 張劍，〈洛陽市博物館館藏的幾件青銅器〉，《文物資料叢刊》，第 3 輯。

21. 張懋鎔，〈西周南淮夷稱名與軍事考〉，《人文雜志》，1990 年 4 期。

22. 張懋鎔，〈史密簋與西周鄉遂制度〉，《文物》，1991 年 1 期。

23. 張懋鎔，〈商代日名研究的再檢討〉，《考古學研究》，三秦出版社，1993年。

24. 張懋鎔，〈周人不用族徽說〉，《考古》，1995 年 9 期。

25. 張懋鎔，〈靜方鼎小考〉，《文物》，1998 年 5 期。

26. 張懋鎔、趙榮、鄒東濤，〈安康出土的史密簋及其意義〉，《文物》，1989年 7 期。

27. 莊述祖，《尚書記》，《雲自在龕叢書》，本。

28. 莊春波，〈楚族溯源〉，《江漢論壇》，1986 年 1 期。

29. 陳公柔，〈曾伯霖簋銘中的「金道錫行」及相關問題〉，《中國考古學論叢》，科學出版社，1995 年。

30. 陳世輝，〈師同鼎銘文考釋〉，《史學集刊》，1984 年 1 期。

31. 陳世輝，〈牆盤銘文解說〉，《考古》，1980 年 5 期。

32. 陳永正,〈西周春秋銅器銘文中的語氣詞〉,《古文字研究》,19 輯,中華書局,1992 年。

33. 陳全方、尚志儒,〈陝西商代方國考〉(二),《中原文物》,1990 年 3 期。

34. 陳邦福,〈矢簋考釋〉,《文物參考資料》,1955 年 5 期。

35. 陳邦懷,〈金文叢考三則〉,《文物》,1964 年 2 期。

36. 陳昌遠,〈周公東征的原因及其意義〉,《河南師大學報》,1983 年 1 期。

37. 陳昌遠,〈釋《論語》「三分天下有其二」──周初周人地理觀念探索〉,《人文雜志》,1983 年 5 期。

38. 陳昌遠,〈西周監官制度淺說〉,《河南師大學報》,1985 年 4 期。

39. 陳昌遠,〈周公奔楚考〉,《史學月刊》,1985 年 5 期。

40. 陳直,《史記新證》,天津人民出版社,1979 年。

41. 陳振裕、梁柱,〈試論曾國與曾楚關係〉,《考古與文物》,1985 年 6 期。

42. 陳連慶,〈兮甲盤考釋〉,《吉林師大學報》,1978 年 4 期。

43. 陳連慶,〈敔簋銘文淺釋〉,《古文字研究》,第 9 輯,中華書局,1984 年。

44. 陳連慶,〈晉姜鼎銘新釋〉,《古文字研究》,13 輯,中華書局,1986 年。

45. 陳賢乙,〈黃陂魯臺山西周文化剖析〉,《江漢考古》,1982 年 2 期。

46. 陳美蘭,《西周金文地名研究》,師範大學國文研究所碩士論文,1998 年。

47. 陳恩林,〈魯、齊、燕的始封及燕與邶的關係〉,《歷史研究》,1996 年 4 期。

48. 陳夢家,《殷虛卜辭綜述》,中華書局,1992 年 7 月 1 版 2 刷。

49. 陳夢家,〈西周銅器斷代〉一～六,《考古學報》,1955 年～1956 年。

50. 陳福林,〈關于何尊銘文的幾點新補證〉,《貴州社會科學》,1991 年 8 期。

51. 陳福林、任桂芝,〈何尊銘考釋補訂〉,《考古與文物》,1992 年 6 期。

52. 陳漢平,〈僕麤非僕庸辨〉,《古文字論集》,1983 年。

53. 陳槃,《左氏春秋義例辨》,史語所專刊 17,1947 年初版,今據,1993 年 2 版。

54. 陳槃,《不見於春秋大事表之春秋方國稿》,中央研究院歷史語言研究所,1982 年 11 月再版。

55. 陳槃,《春秋大事表列國爵姓及存滅表譔異》,三訂本中研院史語所,1997 年 6 月影印四版。

56. 陳壽,〈大保簋的復出和大保諸〉,《考古與文物》,1980 年 4 期。

57. 陳雙新,〈樂器銘文考釋〉,《古文字研究》,22 輯,中華書局 2000 年 7 月。

58. 章太炎,〈逸周書世俘篇校正〉,《制言》,半月刊第三十二期。

59. 崔述,《考信錄》,據世界書局,1989 年 4 版。

60. 崔述,《崔東壁遺書》,據上海古籍出版社,1983 年。

61. 崔永東,《兩周金文虛詞集釋》,中華書局,1994 年。

62. 許倬雲,《西周史》,(增訂版)聯經出版社,1993 年 2 月 4 刷。

63. 許成、李進增,〈東周時期的戎狄青銅文化〉,《考古學報》,1993 年 1 期。

64. 盛冬鈴,〈西周銅器銘文中的人名及其對斷代的意義〉,《文史》,17 輯,1983 年。

65. 華覺明,《中國古代金屬技術——銅和鐵造就的文明》,大象出版社,1999 年。

66. 華覺明、盧本珊,〈長江中下游銅礦帶的早期開發和中國青銅文明〉,《自然科學史研究》,15 卷 1 期,1996 年。

67. 華覺明、盧本珊、周衛健,〈瑞昌銅嶺古礦產冶遺址的斷代及其科學價值〉,《江西文物》,1990 年 3 期。

68. 梁曉景、馬三鴻,〈論漁、夨兩國的族屬與太伯奔吳〉,《中原文物》,1998 年 3 期。

69. 曹定雲,〈周代金文中女子稱謂類型研究〉,《考古》,1999 年 6 期。

70. 曹定雲,〈西周夨國考〉,《出土文獻研究》,第 5 輯,1999 年。

71. 曹錦炎,〈釋兔〉,《古文字研究》,20 輯,中華書局 2000 年 3 月。

## 十二畫　黃、童、彭、斯、傅、湯、程、舒、馮

1. 黃天樹,《殷墟王卜辭的分類與斷代》,文津出版社,1991 年 11 月。

2. 黃天樹,〈婦女卜辭〉,《中國古文字研究》,第 1 輯,吉林大學出版社,1999 年。

3. 黃有漢,〈古代鄧國、鄧縣地望考〉,《史學月刊》,1991 年 6 期。

4. 黃盛璋,〈關於詢簋的製作年代與虎臣的身分問題〉,《考古》,1961 年 6 期。(收於《歷史地理與考古論叢》,齊魯書社,1982 年。)

5. 黃盛璋,〈保卣銘的時代與史實〉,《考古學報》,1957 年 3 期。(收於《歷史地理與考古論叢》,齊魯書社,1982 年。)

6. 黃盛璋,〈大豐簋銘製作的年代、地點與史實〉,《歷史研究》,1960 年 6 期。(收於《歷史地理與考古論叢》,齊魯書社,1982 年。)

7. 黃盛璋,〈釋旅彝——銅器中旅彝問題的一個全面考察〉,《中華文史論叢》,1979 年第 2 輯。(收於《歷史地理與考古論叢》,齊魯書社,1982 年。)

8. 黃盛璋,〈西周微家族窖藏銅器群初步研究〉,《社會科學戰線》,1978 年 3 期。(收於《歷史地理與考古論叢》,齊魯書社,1982 年。)

9. 黃盛璋,〈班簋的年代、地理與歷史問題〉,《考古與文物》,1982 年 1 期。

10. 黃盛璋,〈玁狁新考〉,《社會科學戰線》,1983 年 2 期。

11. 黃盛璋,〈銅器銘文宜、虞、矢的地望及其與吳國的關係〉,《考古學報》,1983 年 3 期。

12. 黃盛璋,〈駒父盨蓋銘文研究〉,《考古與文物》,1983 年 4 期。

13. 黃盛璋,〈多友鼎的歷史與地理問題〉,《古文字論集》,(一),《考古與文物叢刊》,第 2 號,1983 年。

14. 黃盛璋,〈樸君述鼎國別、年代及其相關問題〉,《江漢考古》,1987 年 1 期。

15. 黃盛璋,〈長安鎬京地區西周墓新出銅器群探〉,《文物》,1987 年 1 期。

16. 黃盛璋,〈西周征伐東夷、東國的銅器年代、地理及其相關問題綜考〉,《河洛文明論文集》,洛陽市第二文物工作隊編,中州古籍出版社,1993 年。

17. 黃盛璋,〈晉侯穌鐘重大價值與難拔丁子指迷與解難〉,《文博》,1998 年 4 期。

18. 黃盛璋、鈕仲勛,〈楚的起源和疆域發展〉,《地理知識》,1979 年 1 期。

19. 黃德寬,〈釋金文徒字〉,《容庚先生百年誕辰紀念文集》,廣東人民出版社,1998 年。

20. 黃德寬、徐在國,〈郭店楚簡文字考釋〉,《吉林大學古籍整研究所建所十五周年紀念文集》,吉林大學出版社,1998 年。

21. 黃彰健,《周公孔子研究》,史語所專刊之 98,1997 年。

22. 黃彰健,〈釋周公受命義──並論大誥、康誥「王若曰」的王字應指周公〉,《大陸雜誌》,46 卷 5 期,1973 年。

23. 黃彰健,〈四論周公受命稱王問題〉,《大陸雜誌》,54 卷 3 期,1976 年。

24. 黃錫全,〈古文字考釋數則〉,《古文字研究》,17 輯,中華書局,1989 年。(收於《古文字論叢》,藝文印書館,1999 年。)

25. 黃錫全,〈晉侯穌鐘幾處地名試探〉,《江漢考古》,1997 年 4 期。(收於《古文字論叢》,藝文印書館,1999 年。)

26. 黃錫全,〈黃陂魯臺山遺址爲「長子」國都蠡測〉,《江漢考古》,1992 年 4 期。(收於《古文字論叢》,藝文印書館,1999 年。)

27. 黃錫全,〈啓卣啓尊銘文考釋〉,《古文字研究》,第 9 輯,中華書局,1984 年。(與何琳儀合著)(收於《古文字論叢》,藝文印書館,1999 年。)

28. 黃懷信,《逸周書源流考辨》,西北大學出版社,1992 年 1 月。

29. 黃懷信,〈武王在位年數考──兼說文王受命及武王是否改元〉,《人文雜志》,1998 年 3 期。

30. 黃懷信、張懋鎔、田旭東,《逸周書彙校集注》,上海古籍出版社,1995

年 12 月。

31. 童書業，《春秋左傳研究》，上海人民出版社，1980 年 10 月。

32. 童書業，〈論宗法制與封建制的關係〉，《歷史研究》，1957 年 8 期。

33. 彭邦本，〈武王之世分封的初步探討〉，《西周史論文集》，陝西人民教育出版社，1993 年 6 月。

34. 彭邦炯，〈從甲骨文🗝、🗝二字論及商周麋氏地望〉，《南方文物》，1994 年 2 期。

35. 彭裕商，《殷墟甲骨斷代》，中國社會科學出版社，1994 年 5 月。

36. 彭裕商，〈滔司徒送簋考釋及其相關問題〉，《于省吾教授百年誕辰紀念文集》，吉林大學出版社，1996 年。

37. 彭裕商，〈周公攝政考〉，《文史》，45 輯，1998 年。

38. 彭裕商，〈董家村裘衛四器年代新探〉，《古文字研究》，22 輯，中華書局 2000 年 7 月。

39. 彭裕商、李學勤，《殷墟甲骨分期研究》，上海古籍出版社，1996 年 12 月。

40. 彭適凡，〈瑞昌銅嶺古礦遺址族屬考辨〉，《江西文物》，1990 年 3 期。

41. 斯維至，〈兩周金文所見職官考〉，《中國文化研究彙刊》，第七卷，1947 年。

42. 傅斯年，〈大東小東說〉，《史語究所集刊》，2 本 1 分，1930 年。

43. 傅斯年，〈論所謂的五等爵〉，《史語所集刊》，2 本 1 分，1930 年。

44. 傅斯年，〈夷夏東西說〉，《慶祝蔡元培先生六十五歲論文集》，中研院史語所，1933 年，此據，1992 年影印一版。

45. 傅斯年，〈周東封與殷遺民〉，《史語所集刊》，4 本 3 分，1934 年。

46. 湯餘惠，〈洀字別議〉，《容庚先生百年誕辰紀念文集》，廣東人民出版社，1998 年。

47. 程發軔，《春秋左氏傳地名圖考》，廣文出版社，1967 年。

48. 舒大剛，《春秋少數民族分佈研究》，文津出版社，1994 年。

49. 馮蒸，〈關於西周初期太保氏的一件青銅器〉，《文物》，1977 年 6 期。

50. 馮勝君，〈𣂁鐘銘文解釋〉，《吉林大學古籍整理研究所建所十五周年紀念文集》，吉林大學出版社，1998 年。

## 十三畫　楊、裘、群、董、鄒、萬、雷

1. 楊向奎，《宗周社會與禮樂文明》，修訂本，人民出版社，1997 年 11 月。

2. 楊希枚，〈姓字古義析正〉，《史語所集刊》，23 本，1951 年，復收於《先秦文化史論集》，中國社會科學出版社，1995 年 8 月。

3. 楊伯峻，《春秋左傳注》，據復文書局，1986 年版。

4. 楊伯峻、何樂士，《古漢語語法及其發展》，語文出版社，1992 年。

5. 楊善群，〈西周對待殷民的政策縷析〉，《人文雜志》，1984 年 5 期。

6. 楊寬，《中國古代都城制度史研究》，上海古籍出版社，1993 年 12 月。

7. 楊寬，〈西周初期東都成周的建設及其政治作用〉，《歷史教學問題》，1973 年 4 期。（收於《西周史》，台灣商務印書館，1999 年 4 月初版。）

8. 楊寬，〈釋何尊銘文兼論周開國年代〉，《文物》，1983 年 6 期。（收於《西周史》，台灣商務印書館，1999 年 4 月初版。）

9. 楊寬，〈西周春秋時代對東方和北方的開發〉，《中華文史論叢》，1982 年 3（收於《西周史》，台灣商務印書館，1999 年 4 月初版。）

10. 楊寬，〈西周時代的楚國〉，《江漢論壇》，1981 年 5 期。（收於《西周史》，台灣商務印書館，1999 年 4 月初版。）

11. 楊寬，〈論西周時代的奴隸制生產關係〉，《古史新探》，中華書局，1965 年。

12. 楊樹達，《積微居小學述林》，中華書局，1983 年。

13. 楊樹達，《詞銓》，中華書局，1954 年。

14. 楊朝明，〈文王、武王享年考〉，《求是學刊》，1996 年 5 期。

15. 楊權喜，〈襄陽山灣出土的鄀國和鄧國銅器〉，《江漢考古》，1983 年 1 期。

16. 楊寶成、劉森淼，〈商周方鼎初論〉，《考古》，1991 年 6 期。

17. 裘士京，〈江南銅材和「金道錫行」初探〉，《中國史研究》，1992 年 4 期。

18. 裘錫圭，〈釋「勿」「發」〉，《中國語文研究》，2 期，1981 年。（收於《古文字論集》，中華書局，1992 年。）

19. 裘錫圭，〈讀安陽新出土的牛胛骨及其刻辭〉，《考古》，1972 年 5 期。（收於《古文字論集》，中華書局，1992 年。）

20. 裘錫圭，〈史牆盤銘解釋〉，《文物》，1978 年 3 期。（收於《古文字論集》，中華書局，1992 年。）

21. 裘錫圭，〈論「歷組卜辭」的時代〉，《古文字研究》，第 6 輯。（收於《古文字論集》，中華書局，1992 年。）

22. 裘錫圭，〈戰國璽印文字考釋三篇〉，《古文字研究》，第 10 輯，中華書局，1984 年。（收於《古文字論集》，中華書局，1992 年。）

23. 裘錫圭，〈釋蚰、秭〉，《古文字研究》，第 4 輯，為〈甲骨文考釋（八篇）〉之一。（收於《古文字論集》，中華書局，1992 年。）

24. 裘錫圭，〈釋建〉，《古文字研究》，第十七輯，中華書局，1989 年。（收於《古文字論集》，中華書局，1992 年。）

25. 裘錫圭，〈釋殷墟卜辭中與建築有關的兩個詞——「門塾」與「㚤」〉，《出

土文獻研究續集》，文物出版社，1989 年。（收於《古文字論集》，中華書局，1992 年。）

26. 裘錫圭，〈談談隨縣曾侯乙墓的文字資，《文物》，1979 年 7 期。（收於《古文字論集》，中華書局，1992 年。）

27. 裘錫圭，〈畀字補釋〉，《語言學論叢》，第 6 輯，1980 年。（收於《古文字論集》，中華書局，1992 年。）

28. 裘錫圭，〈卜辭「異」字和詩書裏的「式」字〉，《中國語言學報》，第 1 期，1983 年。（收於《古文字論集》，中華書局，1992 年。）

29. 裘錫圭，〈西周銅器銘文中的「履」〉，《甲骨文與殷商史》，第 3 輯。（收於《古文字論集》，中華書局，1992 年。）

30. 裘錫圭，〈說「玄衣朱襮袊」──兼釋甲骨文「虣」字〉，《文物》，1976 年，12 期，復收於《裘錫圭自選集》，河南教育出版社，1994 年。（收於《古文字論集》，中華書局，1992 年。）

31. 裘錫圭，〈說𢆶簋的兩個地名──棫林和胡〉陝西省考古研究所主辦，《考古與文物》叢刊第 2 號，《古文字論集》，（一），1983 年。（收於《古文字論集》，中華書局，1992 年。）

32. 裘錫圭，〈釋殷墟甲骨文裏的「遠」、「𢓊」（邇）及有關諸字〉，《古文字研究》，12 輯，復收於《裘錫圭自選集》，河南教育出版社，1994 年。（收於《古文字論集》，中華書局，1992 年。）

33. 裘錫圭，〈說以〉（收於《古文字論集》，中華書局，1992 年。）

34. 裘錫圭，〈說卜辭的焚巫尪與作上龍〉，《甲骨文與殷商史》，第 1 輯，上海古籍出版社，1983 年。（收於《古文字論集》，中華書局，1992 年。）

35. 裘錫圭，〈說文小記〉，《北京師範學報》，1988 年 2 期。（收於《古文字論集》，中華書局，1992 年。）

36. 裘錫圭，〈談談學習古文字的方法〉，《語文報導》，1985 年 10 期。（收於《古文字論集》，中華書局，1992 年。）

37. 裘錫圭，〈關於商代的宗族組織與貴族和平民兩個階級的初步研究〉，《文史》，十七輯，1983 年。（收於《古代文史研究新探》，江蘇古籍出版社，1992 年。）

38. 裘錫圭，〈說僕庸〉（收於《古代文史研究新探》，江蘇古籍出版社，1992 年。）

39. 裘錫圭，〈談談古文字資料對古漢語研究的重要性〉，《中國語文》，1979 年 6 期，復收於《裘錫圭自選集》，河南教育出版社，1994 年。（收於《古代文史研究新探》，江蘇古籍出版社，1992 年。）

40. 裘錫圭，〈釋殷墟卜辭中的「卒」和「聿」〉，《中原文物》，1990 年 3 期。

41. 裘錫圭，〈釋「衍」、「侃」〉，《魯實先先生學術討論會論文》。

42. 裘錫圭,〈殷墟甲骨文字考釋（七篇)〉,《湖北大學學報》,1990 年 1 期。

43. 裘錫圭,〈評《殷虛卜辭綜述》〉,《文史》,35 輯,1992 年,復收於《文史叢稿》,上海遠東出版社,1996 年。

44. 裘錫圭,〈説殷墟卜辭的「奠」──試論商人處置服屬者的一種方法〉,《史語所集刊》,64 本 3 分,1993 年。

45. 裘錫圭,〈關于晉侯銅器銘文的幾個問題〉,《傳統文化與現代化》,1994 年 2 期。

46. 裘錫圭,〈也談子犯編鐘〉,《故宮文物月刊》,1995 年 8 期。

47. 裘錫圭,〈甲骨文中的見與視〉,《甲骨文發現一百周年學術研討會論文集》,1998 年。中研院、師大合辦。

48. 裘錫圭,〈西周糧田考〉,《周秦文化研究》,陝西人民出版社,1998 年,復收於《胡厚宣先生紀念文集》,科學出版社,1998 年。

49. 裘錫圭,〈戎生編鐘銘文考釋〉,《保利藏金》,嶺南美術館出版社,1999 年。

50. 裘錫圭、李家浩,〈曾侯乙墓竹簡釋文與考釋〉,《曾侯乙墓》,附錄一,文物出版社,1989 年。

51. 裘錫圭、李家浩,〈曾侯乙墓鐘、磬銘文釋文與考釋〉,《曾侯乙墓》,附錄二,文物出版社,1989 年。

52. 群力,〈臨淄齊國故城勘探紀要〉,《文物》,1972 年 5 期。

53. 董作賓,〈王若曰古義〉,《説文月刊》,4 卷 4 期,1944 年。

54. 董楚平,《吳越文化新探》,浙江人民出版社,1988 年。

55. 鄒衡,〈關于夏商時期北方地區諸鄰境文化的初步探討〉,《夏商周考古學論文集》,文物出版社,1980 年。

56. 鄒衡,〈西亳與桐宮考辨〉,《紀念北京大學考古專業三十周年論文集》,文物出版社,1990 年。

57. 鄒衡,〈桐宮再考辨〉,《考古與文物》,1998 年 2 期,復收於《夏商周考古學論文集》,（續集）科學出版社,1998 年。

58. 萬全文、張正明執筆,《長江文化史》,第二章,江西教育出版社,1995 年。（李學勤、徐吉軍主編）

59. 雷興山,〈對關中地區商文化的幾點認識〉,《考古與文物》,2000 年 2 期。

## 十四畫　葉、趙、管、齊、裴、聞、蒙、蒲

1. 葉國良,〈「肉袒牽羊」的意義〉,《古代禮制與風俗》,台灣書店,1997 年。

2. 葉達雄,〈何尊的啓示〉,《國立台灣大學歷史學系學報》,7 期,1980 年。（收於《西周政治史研究》,明文書局,1982 年。）

3. 葉達雄，〈西周文、武、成、康時代的文治與武功〉，《台灣大學歷史學系學報》，3 期。（收於《西周政治史研究》，明文書局，1982 年。）

4. 葉達雄，〈論成王〉（收於《西周政治史研究》，明文書局，1982 年。）

5. 葉達雄，〈西周昭、穆、恭、懿、孝、夷時代的內政措施與對外關係〉，《國立台灣大學歷史學系學報》，5 期，1978 年。（收於《西周政治史研究》，明文書局，1982 年。）

6. 葉達雄，〈西周王權的成立及其相關之制度〉，《臺大歷史學報》，21 期，1997 年。

7. 葉萬松、余扶危，〈關於西周洛邑城址的探索〉，《人文雜志叢刊》，第 2 輯，《西周史研究》，1984 年。

8. 葉萬松、張劍、李德方，〈西周洛邑城址考〉，《華夏考古》，1991 年 2 期。

9. 趙平安，〈西周金文中的❖❖新解〉，《于省吾教授百年誕辰紀念文集》，吉林大學出版社，1996 年。

10. 趙光賢，〈說，《逸周書·世俘》，篇並擬武王伐紂日程表〉，《歷史研究》，1986 年 1 期。

11. 趙光賢，〈《春秋》稱人釋義〉，《中華文史論叢》，1986 年 4 期，復收於《古史考辨》，北京師範大學出版社，1987 年。

12. 趙光賢，〈關於西周年代的幾個問題〉，《人文雜志》，1988 年 1 期。

13. 趙光賢，〈關於琉璃河 1，193 號周墓的幾個問題〉，《歷史研究》，1994 年 2 期。

14. 趙世綱，〈淅川下寺春秋楚墓青銅器銘文考索〉，《河南淅川下寺春秋楚墓》，文物出版社，1991 年。

15. 趙誠，〈墻盤銘文補釋〉，《古文字研究》，第 5 輯，中華書局，1981 年。

16. 趙鐵寒，《古史考述》，正中書局，1969 年台二版。

17. 管燮初，〈甲骨文金文中「唯」字用法的分析〉，《中國語文》，1962 年 6 期。

18. 齊文濤，〈概述近年來山東出土商周青銅器〉，《文物》，1972 年 8 期。

19. 齊思和，〈西周地理考〉，《中國史探研》，河北教育出版社，2002 年。

20. 裴學海，《古書虛字集釋》，廣文書局，1962 年。

21. 聞一多，《聞一多全集》，第二冊，《古典新義》，里仁書局，1996 年。

22. 蒙文通，《周秦少數民族研究》，上海龍門聯合書局，1958 年。

23. 蒲百瑞，〈探索丹陽〉，《江漢考古》，1989 年 3、4 期。

## 十五畫　劉、潘、蔡、鄭

1. 劉丕烈，〈子牙父和層敔〉，《考古》，1983 年 7 期。

2. 劉雨,〈西周金文中的軍禮〉,《容庚先生百年誕辰紀念文集》,廣東人民出版社,1998 年 4 月。

3. 劉雨,〈西周金文中的射禮〉,《考古》,1986 年 12 期。

4. 劉雨,〈南陽仲再父簋不是宣王標準器〉,《古文字研究》,18 輯,中華書局,1992 年。

5. 劉雨,〈多友鼎銘的時代與地名考訂〉,《考古》,1983 年 2 期。

6. 劉忠伏,〈世紀末的驚喜——安陽洹北商城的發現及其意義〉,《歷史月刊》,2000

7. 年 5 期。

8. 劉宗漢,〈說「戈凡見」——「戈凡」類字研究之一〉,《古文字研究》,19 輯,中華書局,1992 年。

9. 劉建國,〈宜侯矢簋與吳國關係新探〉,《東南文化》,1988 年 2 期。

10. 劉信芳,〈楚都丹陽地望探索〉,《江漢考古》,1988 年 1 期。

11. 劉釗,〈談史密簋銘文中的眉字〉,《考古》,1995 年 5 期。

12. 劉釗,〈釋金文中從夗的幾個字〉,《中國文字》,新十九輯,藝文印書館,1994 年。

13. 劉師培,《周書補注》,據,《劉申叔先生遺書》,本,華世書局,1975 年。

14. 劉師培,〈義士解〉,《左盦集》,卷一。

15. 劉桓,〈多友鼎「京自」地望考辨〉,《人文雜志》,1984 年 1 期。

16. 劉桓,〈甲骨、金文所見的犬戎與獫狁〉,《殷都學刊》,1994 年 2 期。

17. 劉桓,〈金文箚記三則〉,《陝西博物館館刊》,第 3 輯,1996 年。

18. 劉起釪,《尚書學史》,中華書局,1989 年。(收於《古史續辨》,中國社會科學出版社,1997 年 2 刷。)

19. 劉起釪,〈牧野之戰的年月問題〉。(收於《古史續辨》,中國社會科學出版社,1997 年 2 刷。)

20. 劉起釪,〈周初的「三監」與邶、鄘、衛三國及衛康叔封地問題〉,《歷史地理》,第二輯,1982 年。(收於《古史續辨》,中國社會科學出版社,1997 年 2 刷。)

21. 劉起釪,〈由周初諸誥作者論周公稱王的問題〉,《人文雜志》,1983 年 3 期。(收於《古史續辨》,中國社會科學出版社,1997 年 2 刷。)

22. 劉起釪,〈周初八《誥》中所見周人控制殷人的各種措施〉,《殷都學刊》,1988 年 4 期。(收於《古史續辨》,中國社會科學出版社,1997 年 2 刷。)

23. 劉啓益,〈西周金文中所見的周王后妃〉,《考古與文物》,1980 年 4 期。

24. 劉啓益,〈西周矢國銅器的新發現與有關的歷史地理問題〉,《考古與文

物》，1982 年 2 期

25. 劉啓益，〈西周紀年銅器與武王至厲王的在位年數〉，《文史》，13 輯。

26. 劉啓益，〈西周武成時期銅器的初步清理〉，《古文字研究》，第 12 輯中華書局，1985 年。

27. 劉彬徽，〈試論楚丹陽和郢都的地望與年代〉，《江漢考古》，1980 年 1 期。

28. 劉彬徽，〈湖北出土兩周金文國別年代考述〉，《古文字研究》，13 輯，1986 年。

29. 劉敦愿，〈周穆工征犬戎「得四白狼四白鹿以歸」解〉，《人文雜志》，1986 年 4 期。

30. 劉翔，〈多友鼎銘兩議〉，《人文雜志》，1983 年 1 期。

31. 劉翔，〈周夷王經營南淮夷及其與鄂之關係〉，《江漢考古》，1983 年 3 期。

32. 劉節，《中國古代宗族移殖史論》，上海書局，1996 年。

33. 劉曉東，〈天亡簋與武王東土度邑〉，《考古與文物》，1987 年 1 期。

34. 劉興，〈江蘇丹徒、安徽屯溪兩地西周墓試析〉，《江漢考古》，1987 年 2 期。

35. 劉蕙孫，〈宗周與成周——兼探何尊「隹王初𩁹宅于成周」的含義〉，《人文雜志》，1984 年 1 期。

36. 劉寶才、梁濤，〈周族與西戎〉，《人文雜志》，1997 年 6 期。

37. 潘嘯龍，〈從，《詛楚文》，看楚懷王前期的朝政改革〉，《江漢論壇》，1986 年 10 期。

38. 蔡沈，《書集傳》，據世界書局，1981 年 5 版。

39. 蔡哲茂，《論卜辭中所見商代宗法》，東京大學東洋史學博士論文，1991 年。

40. 蔡哲茂，〈逆羌考〉，《大陸雜誌》，52 卷 6 期。

41. 蔡哲茂，〈釋「𡥈」、「𩁹」〉，《故宮學術季刊》，5 卷 3 期，1988 年。

42. 蔡哲茂，〈甲骨文考釋兩則〉第三屆中國文字學國際學術研討會論文，1992 年。

43. 蔡哲茂，〈釋甲骨文的地名「𩁹」〉，《安陽文獻》，第十期，1999 年。

44. 蔡哲茂，〈商代稱王問題的檢討——甲骨文某王與王某身分的分析〉，《國立歷博物館館刊》，3 卷 3 期，1990 年。

45. 蔡哲茂，〈殷卜辭「伊尹𪔀示」考——兼論它示〉，《史語所集刊》，58 本 4 分

46. 蔡哲茂，〈釋「𡥈𦏌」〉（大綱）發表於古文字學第十一次年會，1996 年吉林。

47. 蔡哲茂，〈釋緐〉，《中國古代の文字と文化》，汲古書院平成 11 年（1999年）。

48. 蔡哲茂、吳匡，〈釋𩰍〉，《故宮學術季刊》，11 卷 3 期。

49. 蔡哲茂、吳匡，〈釋金文𠂤、𠚣、𢼪、𧣫等字——兼解《左傳》的「讒鼎」〉，《史語所集刊》，59 本 4 分，1991 年。

50. 蔡哲茂、吳匡，〈釋金文𢔟、𡰩、𡪁、𩰍諸字〉，《盡心集》，中國社會科學出版社，1996 年。

51. 蔡哲茂、溫天河譯，《金文的世界》，（白川靜著），聯經出版社，1989 年。

52. 蔡運章，〈周初金文與武王定都洛邑——兼論武王伐紂的往返日程問題〉

53. 《中原文物》，1987 年 3 期。（收於《甲骨金文與古史研究》，中州古籍出版社，1993 年。）

54. 蔡運章，〈太保菁戈跋〉，《考古與文物》，1982 年 1 期。（收於《甲骨金文與古史研究》，中州古籍出版社，1993 年。）

55. 蔡運章，〈召公奭世系初探〉，《西周史研究》，（《人文雜志叢刊》，第 2 輯），1984 年。（收於《甲骨金文與古史研究》，中州古籍出版社，1993 年。）

56. 蔡運章，〈豐國銅器及其相關問題〉，《考古與文物》，1983 年 6 期。（與陳長安合著）（收於《甲骨金文與古史研究》，中州古籍出版社，1993 年。）

57. 蔡運章，〈論太保玉戈銘文及其相關問題〉，《甲骨金文與古史新探》，中國社會科學出版社，1996 年 10 月。

58. 鄭杰祥，《商代地理概論》，中州古籍出版社，1994 年 6 月。

59. 鄭杰祥，〈殷墟卜辭所記商代都邑的探討〉，《甲骨文發現一百周年學術研討會論文集》，1998 年，中研院、師大合辦。

60. 鄭慧生，〈「天子」考〉，《歷史教學》，1982 年 11 期。（收於《甲骨卜辭研究》，河南大學出版社，1998 年。）

61. 鄭慧生，〈從商代的先公和帝王世系說到他的傳位制度〉，《史學月刊》，1985 年 6 期。（收於《甲骨卜辭研究》，河南大學出版社，1998 年。）

## 十六畫以上　盧、鍾、顧、羅、饒、龐、錢、戴、魏、冀、韓、穆、譚、歐陽

1. 盧文弨校定，《逸周書》，乾隆五十一年抱經堂單刻本。

2. 盧連成，〈西周金文所見的新邑、成周〉，《文史集林》，三秦出版社，1987 年。

3. 盧連成，〈西周金文所見蒡京及相關都邑討論〉，《中國歷史地理論叢》，1995 年 3 期。

4. 盧連成、尹盛平，〈古矢國遺址、墓地調查記〉，《文物》，1982 年 2 期。

5. 鍾柏生，《殷商卜辭地理論叢》，藝文印書館，1989 年 9 月。

6. 顧炎武，《日知錄》，台灣商務印書館，1956 年台初版。

7. 顧孟武，〈從宜侯矢簋論周初吳的戰略地位〉，《學術月刊》，1992 年 6 期。

8. 顧祖禹，《讀史方輿紀要》，上海書店出版社，1998 年。

9. 顧實，《穆天子傳西征講疏》，商務印書館，1945 年。

10. 顧頡剛編著，《古史辨》，據藍燈文化，1993 年 2 版。

11. 顧頡剛，《史林雜識》，初編，中華書局，1977 年 1 版 2 刷。

12. 顧頡剛，〈周易卦爻辭中的故事〉，《古史辯》，第三冊。

13. 顧頡剛，〈穆天子傳及其著作時代〉，《文史哲》，1 卷 2 期，1951 年。

14. 顧頡剛，〈《逸周書·世俘篇》校注、寫定與評論〉，《文史》，第二輯，1963 年。

15. 顧頡剛，〈武王的死及其年歲和紀元〉，《文史》，18 輯，1983 年。

16. 顧頡剛，〈「三監」人物及其疆地〉，《文史》，二十二輯，1984 年。

17. 顧頡剛，〈周公執政稱王〉，《文史》，23 輯，1984 年。

18. 顧頡剛，〈周公東征勝利後東土的新封國〉，《中國史學集刊》，第一輯，江蘇古籍出版社，1987 年。

19. 顧頡剛、劉起釪，〈《盤庚》三篇校釋譯論〉，《歷史學》，1979 年 1、2 期。

20. 顧鐵符，《楚國民族述略》，湖北人民出版社，1984 年。

21. 顧鐵符，〈周原甲骨文「楚子來告」引證〉，《考古與文物》，1981 年 1 期。

22. 羅西章，〈扶風溝原發現叔趙父卣〉，《考古與文物》，1982 年 4 期。

23. 羅西章，〈宰獸簋銘考略〉，《文物》，1998 年 8 期。

24. 羅西章、吳鎮烽、雒忠如，〈陝西扶風出土西周伯威諸器〉，《文物》，1976 年 6 期。

25. 羅香林，《中夏系統中之百越》，中華文化出版事業公司，1961 年。

26. 羅琨，〈高宗伐鬼方史跡考辨〉，《甲骨文與殷商史》，第 1 輯，上海古籍出版社，1983 年。

27. 羅琨，〈從〈世俘〉探索武王伐商日譜〉，《周秦文化研究》，陝西人民出版社，1998 年 11 月。

28. 韓嘉谷，〈燕史源流的考古學考察〉，《北京文物與考古》，第 2 輯，1991 年。

29. 謝初霈，〈釋曐〉，《歷史論叢》，第 5 輯，齊魯書社，1985 年。

30. 饒宗頤，《殷代貞卜人物通考》，香港大學出版社，1959 年。

31. 龐懷靖，〈跋太保玉戈——兼論召公奭的有關問題〉，《考古與文物》，1986 年 1 期。

32. 錢大昕，《十駕齋養新錄等六種》，世界書局，1963 年。

33. 錢穆，《國史大綱》，（修訂版）上冊，國立編譯館，1980 年。

34. 錢穆，〈周初地理考〉，《燕京學報》，10 期，1931 年，復收於《古史地理論叢》，東大圖書，1982 年。

35. 錢穆，〈西周戎禍考〉上，《禹貢半月刊》，2 卷 4 期，復收於《古史地理論叢》，東大圖書，1982 年。

36. 戴家祥，〈牆盤銘文通釋〉，《上海師範大學學報》，1979 年 2 期。

37. 魏慈德，〈古文字瑣記〉未刊稿。

38. 冀小軍，〈説甲骨金文中表祈求義的夲字——兼談夲字在金文車飾名稱中的用法〉，《湖北大學學報》，1991 年 1 期。

39. 韓小忙，〈玁狁與戎考論〉，《漢學研究》，14 卷 2 期，1996 年。

40. 穆海亭，〈輇史屏壺蓋銘文考釋〉，《周秦文化研究》，陝西人民出版社，1998 年。

41. 穆曉軍，〈陝西長安縣出土西周吳虎鼎〉，《考古與文物》，1998 年 3 期。

42. 譚其驤，《中國歷史地圖集》，地圖出版社，1985 年。

43. 歐陽修，《歐陽文忠公集》，卷十八，〈泰誓論〉。

## 二、外文部分

1. 島邦男，《殷墟卜辭研究》，溫天河、李壽林譯本，鼎文書局，1989 年 9 月。

2. 林巳奈夫，〈帝舜考〉，《甲骨學》，第十六號，日本甲骨學會。

3. 伊藤道治，《中國古代王朝の形成》，創文社，昭和 62 年 1 版 3 刷。

4. 伊藤道治，〈西周王朝與雒邑〉，《中國古代國家の支配構造》，中央公論社。

5. 松本光雄，〈中國古代社會に於ける分邑と宗と賦について〉山梨大學學藝學部研究報告第四號，昭和 28 年。

6. 貝塚茂樹，〈殷末周初の東方經略に就いて〉，《東方學報》，京都版第 11 冊第 1 分，昭和 15 年。

7. 天野元之助，《中國社會經濟史》，殷周之部，開明書院，1979 年。

8. 李峰，〈多友鼎銘文をめぐ歷史地理的問題の解決〉，《中國古代文化の文字と文化》，汲古書院平成 11 年（1999 年）。

9. 白川靜，〈殷代雄族考〉，《甲骨金文學論叢》，五集（油印本），轉引自呂文郁，〈西周王畿殷商遺民考略〉，《西周史論文集》，陝西人民教育出版社，1993 年。

10. Thomas Lanton，〈A Group of Early Western Chou Period Bronze Vessels〉，

《Arts Orientalis》，Vol.10，1975。

11. Herrlee G. Creel，《The Origins of Statecraft in China：The Western Chou Empire》，芝加哥大學出版社，1970 年。

# 貳、報導、考古報告、座談紀要

## 一、考古報告單篇

### 河北

1. 〈北京琉璃河1，193 號大墓發掘簡報〉，《考古》，1990 年 1 期。

2. 〈1981～1983 年琉璃河西周燕國墓地發掘簡報〉，《考古》，1984 年 5 期。

3. 〈琉璃河遺址，1996 年度發掘簡報〉，《文物》，1997 年 6 期。

4. 〈河北薰城台西村商代遺址發掘簡報〉，《文物》，1979 年 6 期。

5. 〈河北元氏縣西張村的西周遺址和墓葬〉，《考古》，1979 年 1 期。

6. 〈海淀區發現春秋時代銅器〉，《文物參考資料》，1958 年 5 期。

### 河南

1. 〈1991 年安陽花園莊東地、南地發掘簡報〉，《考古》，1993 年 6 期。

2. 〈洛陽澗濱東周城址發掘報告〉，《考古學報》，1959 年 2 期。

3. 〈洛陽龐家溝五座兩周墓的清理〉，《文物》，1972 年 10 期。

4. 〈洛陽北窰村西周遺址，1974 年度發掘簡報〉，《文物》，1981 年 7 期。

5. 〈平頂山應國墓地84 號墓發掘簡報〉，《文物》，1998 年 9 期。

6. 〈河南平頂山市發現西周銅器〉，《考古》，1981 年 4 期。

7. 〈河南平頂山市又出土一件鄧公簋〉，《考古與文物》，1983 年 1 期。

8. 〈平頂山市出土周代青銅器〉，《考古》，1985 年 3 期。

9. 〈南陽市西關出土一批春秋青銅器〉，《中原文物》，1982 年 1 期。

10. 〈南陽市北郊出土一批申國青銅器〉，《中原文物》，1984 年 4 期。

### 山東

1. 〈臨淄齊國故城勘探紀要〉，《文物》，1972 年 5 期。

2. 〈滕縣後荊溝出土不殷簋等青銅器群〉，《文物》，1981 年 9 期。

### 遼寧、熱河

1. 〈遼寧省喀左縣山灣子出土殷周青銅器〉，《文物》，1977 年 12 期。

2. 〈熱河凌源縣海島營子村發現的古代青銅器〉，《文物參考資料》，1955 年 8 期。

3. 〈遼寧喀左縣北洞村發現殷代青銅器〉,《考古》,1973 年 4 期。

4. 〈遼寧喀左縣北洞村出土的殷周青銅器〉,《考古》,1974 年 6 期。

5. 〈遼寧林西縣大井古礦井,1976 年試掘簡報〉,《文物叢刊》,7。

## 陝西

1. 〈陝西藍田縣出土弭叔簋等彝器簡介〉,《文物》,1960 年 2 期。

2. 〈西安老牛坡商代墓地的發掘〉,《文物》,1988 年 6 期。

3. 〈陝西省永壽、藍田出土西周青銅器〉,《考古》,1979 年 2 期。

4. 〈長安張家坡西周井叔墓發掘簡報〉,《考古》,1986 年 1 期。

5. 〈1984 年灃西大原村西周墓地發掘簡報〉,《考古》,1986 年 11 期。

6. 〈長安張家坡 M183 西周洞室墓發掘簡報〉,《考古》,1989 年 6 期。

7. 〈扶風劉家姜戎墓葬發掘簡報〉,1984 年 7 期。

8. 〈西周鎬京附近部分墓葬發掘簡報〉,《文物》,1986 年 1 期。

9. 〈寶雞縣賈村發現矢王簋蓋等青銅器〉,《文物》,1984 年 4 期。

10. 〈陝西綏德墕頭村發現一批窖藏商代銅器〉,《文物》,1975 年 2 期。

11. 〈陝西延安出土一批晚商青銅器〉,《考古與文物》,1994 年 2 期。

12. 〈陝西延川出土一批商代青銅器〉,《考古與文物》,1992 年 4 期。

13. 〈陝西子長縣出土的商代青銅器〉,《考古與文物》,1989 年 5 期。

14. 〈陝北清澗、米脂、佳縣出土古代銅器〉,《考古》,1980 年 1 期。

15. 〈清澗縣又出商代青銅器〉,《考古與文物》,1983 年 3 期。

16. 〈陝西清澗縣又發現商代青銅器〉,《考古》,1984 年 8 期。

17. 〈陝西藍田縣出土商代青銅器〉,《文物資料叢刊》,3 輯,1980 年。

18. 〈渭南市又出土一批商代青銅器〉,《考古與文物》,1987 年 4 期。

19. 〈渭南縣南堡村發現三件商代銅器〉,《考古與文物》,1980 年 2 期。

20. 〈陝西淳化縣出土的商周青銅器〉,《考古與文物》,1986 年 5 期。

21. 〈陝西淳化縣新發現的商周青銅器〉,《考古與文物》,1990 年 1 期。

22. 〈陝西禮泉縣發現兩批商代銅器〉,《文物資料叢刊》,3 輯,1980 年。

23. 〈陝西銅川發現商周青銅器〉,《考古》,1982 年 1 期。

24. 〈西安老牛坡出土商代早期文物〉,《考古與文物》,1981 年 2 期。

25. 〈扶風美陽發現商周青銅器〉,《文物》,1978 年 10 期。

26. 〈寶雞地區發現幾批商周青銅器〉,《考古與文物》,1981 年 1 期。

27. 〈陝西寶雞戴家灣出土商周青銅器調查報告〉,《考古與文物》,1991 年 1 期。

28. 〈麟游縣出土商代青銅器〉,《考古與文物》,1991 年 1 期。

29. 〈陝西省城固縣出土殷商銅器整理簡報〉,《考古》,1980 年 3 期。

30. 〈陝西省城固徵集的商代銅戈〉,《考古》,1996 年 5 期。

31. 〈洋縣出土殷商銅器簡報〉,《文博》,1996 年 5 期。

32. 〈陝西岐山賀家村西周墓葬〉,《考古》,1976 年 1 期。

## 山西

1. 〈天馬──曲村遺址北趙晉侯墓地第三次發掘〉,《文物》,1994 年 8 期。

## 湖北

1. 〈湖北銅綠山春秋戰國古礦井遺址發掘簡報〉,《文物》,1995 年 2 期。

2. 〈大冶銅綠山古礦冶遺址近年來的考古發掘及其研究〉,《江漢考古》, 1981 年 1 期。

3. 〈湖北陽新港下古礦井遺址發掘簡報〉,《考古》,1988 年 1 期。

4. 〈湖北襄樊市揀選的商周青銅器〉,《文物》,1982 年 9 期。

5. 〈湖北黃陂魯臺山兩周遺址與墓葬〉,《江漢考古》,1982 年 2 期。

6. 〈湖北沙市周梁玉橋遺址試掘簡報〉,《文物資料叢刊》,10 輯,文物出版社,1987 年。

7. 〈湖北蘄春新屋灣西周青銅器窖藏〉,《文物》,1997 年 12 期。

## 其它

1. 〈江西瑞昌銅嶺商周礦冶遺址第一期發掘簡報〉,《江西文物》,1990 年 3 期。

2. 〈湖南麻陽戰國時期古銅礦清理簡報〉,《考古》,1985 年 2 期。

3. 〈春秋早期黃君孟夫婦墓發掘報告〉,《考古》,1984 年 4 期。

4. 〈江蘇丹徒大港母子墩西周銅器墓發掘簡報〉,《文物》,1984 年 5 期。

5. 〈安徽屯溪西周墓葬發掘報告〉,《考古學報》,1959 年 4 期。

6. 〈安徽屯溪奕棋又出土大批西周珍貴文物〉,《文物》,1965 年 6 期。

7. 〈寧夏彭家堡於家莊墓地〉,《考古學報》,1995 年 1 期。

8. 〈寧夏固原楊郎青銅文化墓地〉,《考古學報》,1993 年 1 期。

9. 〈帕米爾高原古墓〉,《考古學報》,1981 年 2 期。

10. 〈甘肅靈台縣兩周墓葬〉,《考古》,1976 年 1 期。

11. 〈楊家堡出土的商周之際的銅器〉,《文物》,1977 年 12 期。

12. 〈甘肅慶陽地區出土的商周青銅器〉,《考古與文物》,1983 年 3 期。

# 二、考古報告專書

1. 《銅綠山—中國古礦冶遺址》，文物出版社，1980 年。
2. 《曲阜魯國故城》，齊魯書社，1982 年。
3. 《淅川下寺春秋楚墓》，文物出版社，1991 年。
4. 《琉璃河西周燕國墓地》，1973～1977，文物出版社，1995 年。
5. 《洛陽北窯西周墓》，文物出版社，1999 年。

## 三、報　導

1. 〈父癸尊與子尊〉，《文物》，1986 年 1 期。
2. 〈春秋黃國故城〉，《中原文物》，1986 年 1 期。
3. 〈呂季姜醴壺〉，《文物》，1982 年 10 期。

## 四、座談紀要

1. 〈晉侯穌鐘筆談〉，《文物》，1997 年 3 期。
2. 〈北京琉璃河出土西周有銘銅器座談紀要〉，《考古》，1989 年 10 期。

## 參、甲骨金文圖錄（含考釋）、簡帛、文字編（字形表）

1. 《甲骨文編》，據中華書局，1992 年 1 版 4 刷。
2. 《甲骨文字典》，徐中舒主編，四川辭書出版社，1993 年 9 月 1 版 3 刷。
3. 《甲骨文合集》，（中國社會科學院歷史研究所編），1982 年。
4. 《金文編》，（四版）中華書局，1985 年。
5. 《金文編訂補》，（陳漢平）中國社會科學出版社，1993 年。
6. 《金文編校補》，（董蓮池）東北師範大學出版社，1995 年。
7. 《殷周金文集成》，（中國社會科學院考古研究所編），1984～1994 年。
8. 《古璽文編》，據文物出版社，1994 年 1 版 2 刷。
9. 《古璽文編校訂》，（吳振武）吉林大學博士論文，1984 年。
10. 《楚系簡帛文字編》，（滕壬生）湖北教育出版社，1995 年。
11. 《睡虎地秦簡文字編》，（張守中撰集）文物出版社，1994 年。
12. 《秦漢魏晉篆隸字形表》，（漢語大字典字形小組編）四川辭書出版社，1985 年。
13. 于省吾，《甲骨文字釋林》，台灣大通書局，1971 年初版。
14. 屈萬里，《殷虛文字甲編考釋》，中央研究院歷史語言研究所，1961 年 6 月初版。
15. 許進雄 The Menzies Collection Of Shang Dynasty Oracle Bones 加拿大皇家安大略博物館出版，1977 年。

16. 姚孝遂、肖丁，《小屯南地甲骨考釋》，中華書局，1985 年 8 月。

17. 姚孝遂編撰，《甲骨文字詁林》，中華書局，1996 年。

18. 董作賓，《殷曆譜》，史語所專刊 23，1945 年。

19. 郭沫若，《卜辭通纂》，台灣大通書局，1976 年 5 月。

20. 楊樹達，《卜辭求義》，臺灣大通書局，1971 年 5 月初版。

21. 蔡哲茂，《甲骨綴合集》，樂學總經銷，1999 年。

22. 羅振玉，《殷墟書契考釋》，藝文印書館據，1915 年版影印本，1968 年。

23. 徐錫臺，《周原甲骨文綜述》，三秦出版社，1989 年。

24. 于省吾，《雙劍誃吉金文選》，1933 年，此據江蘇廣陵古籍刻印社，1994 年影印本。

25. 于省吾，《商周金文錄遺》，1957 年，此據中華書局，1993 年版。

26. 方濬益，《綴遺齋彝器考釋》，1899 年，此據台聯國風出版社，1976 年影印本。

27. 阮元，《積古齋鐘鼎彝器款識》，1804 年，此據北京中國書店，1996 年影印版。

28. 吳大澂，《愙齋集古錄釋文賸稿》，據《丁佛言手批愙齋集古錄》，天津古籍書店，1990 年。

29. 吳式芬，《攈古錄金文》，1895 年

30. 吳式芬，《攈古錄》，據北京中國書店影印版。

31. 吳其昌，《金文麻朔疏證》，商務印書館，1936 年。

32. 吳其昌，《金文氏族譜》，中研院史語所，1936 年。

33. 吳鎮烽，《金文人名匯編》，中華書局，1985 年。

34. 吳闓生，《吉金文錄》，1933 年（《彝銘會釋》，樂天出版社，1971 年 6 月）。

35. 周法高主編，《金文詁林》，中文出版社，1981 年。

36. 周法高主編，《金文詁林補》，史語所專刊之 77，1997 年影印 1 版。

37. 容庚，《商周彝器通考》，1941 年，此據文史哲出版社，1985 年版。

38. 唐蘭，《西周青銅器銘文分代史徵》，中華書局，1986 年。

39. 馬承源，《商周青銅器銘文選》，文物出版社，1988 年。

40. 陳邦懷，《嗣樸齋金文跋》，香港中文大學吳多泰中國語文中心，1993 年。

41. 陳夢家，《美帝國主義劫掠的我國殷周青銅器集錄》，科學出版社，1963 年。

42. 崔恒昇，《安徽出土金文訂補》，黃山書社，1998 年。

43. 郭沫若，《金文叢考》，人民出版社，1954 年。

44. 郭沫若，《兩周金文辭大系》，1958 年（《周代金文圖錄及釋文》台灣大通書局，1971 年。）

45. 曾毅公，《山東金文集存》，齊魯大學國學研究所，1940 年。

46. 黃錫全，《湖北出土商周文字輯證》，武漢大學出版社，1992 年。

47. 楊樹達，《積微居金文說》，1959 年，此據台灣大通書局，1974 年再版。

48. 董楚平，《吳越徐舒金文集釋》，浙江古籍出版社，1992 年。

49. 劉心源，《奇觚室吉金文述》，1902 年，此據藝文印書館，1971 年影印版。

50. 劉雨，《乾隆四鑑綜理表》，中華書局，1989 年。

51. 羅振玉，《三代吉金文存》，1937 年，此據中華書局，1989 年 1 版 2 刷。

52. 《寧壽鑑古》，1779 年，此據江蘇廣陵古籍刻印社，1992 年影印本。

53. 《陝西出土商周青銅器》，（一），1979 年。

54. 《殷周金文集成》，中華書局，1984～1994 年。

55. 《中國青銅器全集》，第 5 卷，文物出版社，1996 年。

56. 《中國青銅器全集》，第 6 卷，文物出版社，1997 年。

57. 《中國青銅器全集》，第 15 卷

58. 《故宮青銅器》，紫禁城出版社，1999 年。

59. 《保利藏金》，嶺南美術出版社，1999 年。

60. 《BRONZE VESSELS OF ANCIENT CHINA IN THE AVERY BRUNDAGE COLLECTION》，1977 年。

61. 《包山楚簡》，湖北省荊沙鐵路考古隊，文物出版社，1991 年。

62. 《望山楚簡》，湖北省文物考古研究所、北京大學中文系，中華書局，1995 年。

63. 《銀雀山漢墓竹簡》，（銀雀山漢墓整理小組）文物山版社，1985 年。

64. 《睡虎地秦墓竹簡》，文物出版社，1990 年。

65. 《馬王堆漢墓帛書》，文物出版社，1975 年。

66. 王昶，《金石萃編》，此據陝西人民美術出版社，1990 年影印，1921 年掃葉山房本。

## 肆、甲骨金文著錄繁簡稱對照表

| 合 | 甲骨文合集 | 集成 | 殷周金文集成 |
|---|---|---|---|
| 後 | 殷虛書契後編 | 三代 | 三代吉金文存 |
| 戩 | 戩壽堂所藏殷虛文字 | 西清 | 西清古鑑 |
| 甲 | 殷虛文字甲編 | 西甲 | 西清續鑑甲編 |

乙　　殷虛文字乙編

英　　英國所藏甲骨

續　　殷虛書契續編

陳　　甲骨文零拾

前　　殷虛書契前編

鐵　　鐵雲藏龜

佚　　殷契佚存

掇　　殷契拾掇

粹　　殷契粹編

綴　　甲骨綴合編

菁　　殷虛書契菁華

懷　　懷特氏等收藏甲骨文

人　　京都大學人文科學研究所藏甲骨文字

金璋　　金璋所藏甲骨卜辭

京津　　戰後京津所獲甲骨集

屯南　　小屯南地甲骨

續存　　甲骨續存

明續　　殷虛卜辭後編

掇續　　殷契掇佚續編

綜圖　　殷虛卜辭綜述圖版

殷合　　殷虛文字綴合

南明　　戰後南北所見甲骨錄——明義士舊藏

寧壽　　寧壽鑒古

積古　　積古齋鐘鼎彝器款識

# 圖　版

28011

2

20450

1

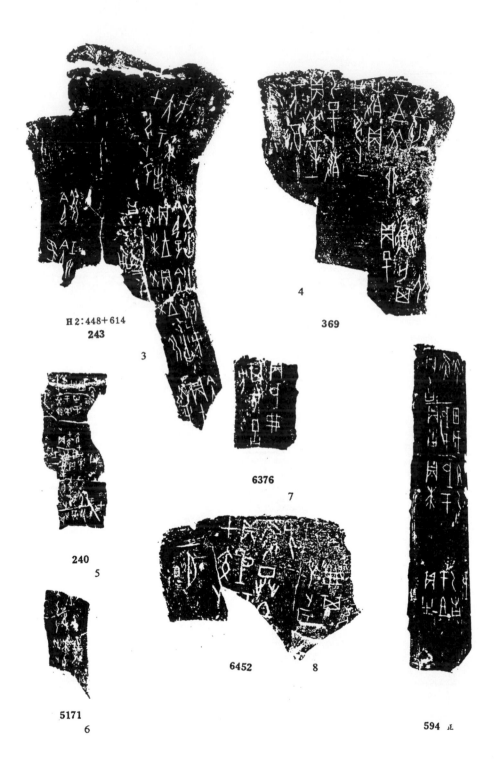

H 2:448+614
**243**
3

**369**
4

**240**
5

5171
**6**

6376
7

6452
8

594 正

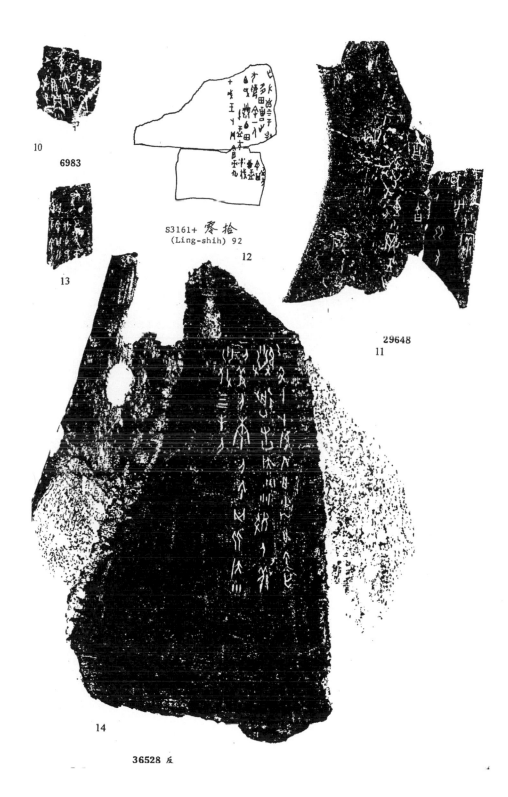

10

6983

S3161+ 零拾
(Ling-shih) 92

12

13

29648
11

14

36528 反

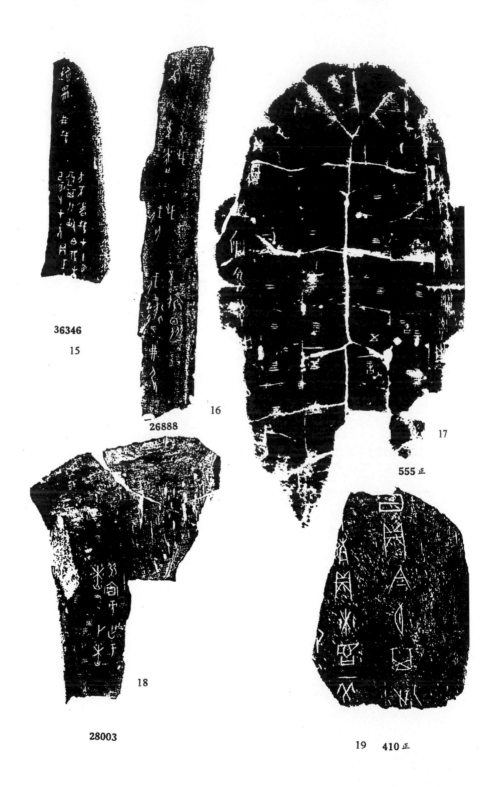

36346

15

26888

16

555正

17

28003

18

19  410正

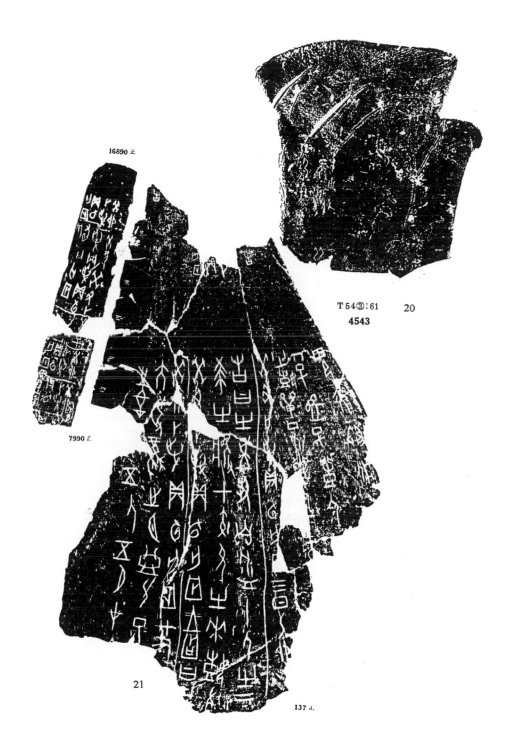

16890 正

7990 正

T 54③:61　　20
4543

21

137 正

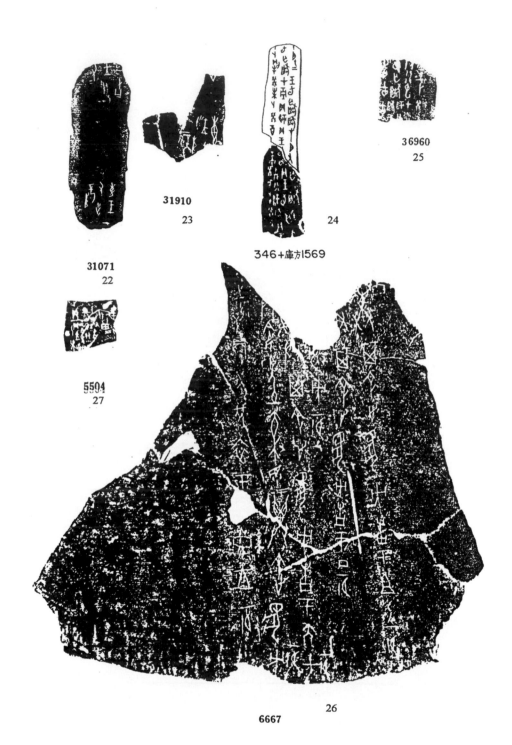

31071
22

31910
23

346+庫方1569
24

36960
25

6667
26

5504
27

## 圖版部分 二

| | | | | | | |
|---|---|---|---|---|---|---|
| 58 | 王奠新邑鼎 | 集成 2682 | | 89 | 作冊斤觥 | 集成 9303 |
| 59 | 新邑戈 | 集成 10885 | | 90 | 趞卣 | 集成 5402 |
| 60 | 厚趠方鼎 | 集成 2730 | | 91 | 不栺方鼎 | 集成 2735 |
| 61 | 犾駿觥 | 集成 9300 | | 92 | 𩵦卣 | 集成 5400 |
| 62 | 中鼎 | 集成 2751 | | 93 | 彔卣 | 集成 5419 |
| 63 | 中甗 | 集成 949 | | 94 | 彔簋 | 集成 4322 |
| 64 | 靜方鼎 | 文物 1995.5 | | 95 | 彔方鼎 | 集成 2824 |
| 65 | 禹鼎 | 集成 2833 | | 96 | 競卣 | 集成 5425 |
| 66 | 大盂鼎 | 集成 2837 | | 97 | 仲偁父鼎 | 集成 2734 |
| 67 | 繁陽之金劍 | 集成 11582 | | 98 | 無㠯簋 | 集成 4225 |
| 68 | 曾伯霥簠 | 集成 4632 | | 99 | 敔簋 | 集成 4323 |
| 69 | 晉姜鼎 | 集成 2826 | | 100 | 鄂侯馭方鼎 | 集成 2810 |
| 70 | 戎生鐘 | 保利藏金 | | 101 | 翏生盨 | 集成 4459 |
| 71 | 𤞷方彝 | 集成 9892 | | 102 | 虢仲盨 | 集成 4435 |
| 72 | 史牆盤 | 集成 10175 | | 103 | 爯伯簋 | 集成 4331 |
| 73 | 多友鼎 | 集成 2835 | | 104 | 彔伯簋 | 集成 4302 |
| 74 | 不嬰簋 | 集成 4328 | | 105 | 彔方鼎 | 集成 2789 |
| 75 | 啓尊 | 集成 5983 | | 106 | 彔簋 | 集成 4212 |
| 76 | 啓卣 | 集成 5410 | | 107 | 彔簋 | 集成 3863 |
| 77 | 小子生尊 | 集成 6001 | | 108 | 彔且庚簋 | 集成 3865 |
| 78 | 壺簋 | 集成 3732 | | 109 | 彔作旅簋 | 集成 3378 |
| 79 | 迴伯簋 | 集成 3907 | | 110 | 伯彔簋 | 集成 4115 |
| 80 | 瑪叔鼎 | 集成 2615 | | 111 | 伯彔簋 | 集成 3489 |
| 81 | 瑪叔簋 | 集成 3950 | | 112 | 伯雍父盤 | 集成 10074 |
| 82 | 犾馭簋 | 集成 3976 | | 113 | 虢季子白盤 | 集成 10173 |
| 83 | 員方鼎 | 集成 2695 | | 114 | 兮甲盤 | 集成 10174 |
| 84 | 令簋 | 集成 4300 | | 115 | 師同鼎 | 集成 2779 |
| 85 | 員卣 | 集成 5387 | | 116 | 矢王鼎 | 集成 2149 |
| 86 | 鄂侯弟曆季尊 | 集成 5912 | | 117 | 矢王壺 | 集成 6452 |
| 87 | 中觶 | 集成 6514 | | 118 | 矢王簋蓋 | 集成 3871 |
| 88 | 中甗 | 集成 2785 | | 119 | 同卣 | 集成 5398 |

| | | |
|---|---|---|
| 120 | 散氏盤 | 集成 10176 |
| 121 | 呂王壺 | 集成 9630 |
| 122 | 呂王鬲 | 集成 635 |
| 123 | 鐵王盉 | 集成 9411 |
| 124 | 白王盉 | 集成 9441 |
| 125 | 買王卣 | 集成 5252 |
| 126 | 𣪘王彝 | 積古 5.24 |
| 127 | 昆疕王鐘 | 集成 46 |
| 128 | 豐王斧 | 集成 11774 |
| 129 | 戎佩玉人卣 | 集成 5324 |
| 130 | 窑簋 | 集成 4097 |
| 131 | 師旂鼎 | 集成 2809 |
| 132 | 令鼎 | 集成 2801 |
| 133 | 趩簋 | 集成 4266 |
| 134 | 師𣪘簋 | 集成 4311 |
| 135 | 幾父壺 | 集成 9721 |
| 136 | 䕬鼎 | 集成 2765 |
| 137 | 伯克壺 | 集成 9725 |
| 138 | 旅鼎 | 集成 2670 |
| 139 | 靜簋 | 集成 4273 |
| 140 | 害簋 | 集成 4258 |
| 141 | 逆鐘 | 集成 60 |
| 142 | 五年琱生簋 | 集成 4292 |
| 143 | 眉敖簋 | 集成 4213 |
| 144 | 駒父盨 | 集成 4464 |

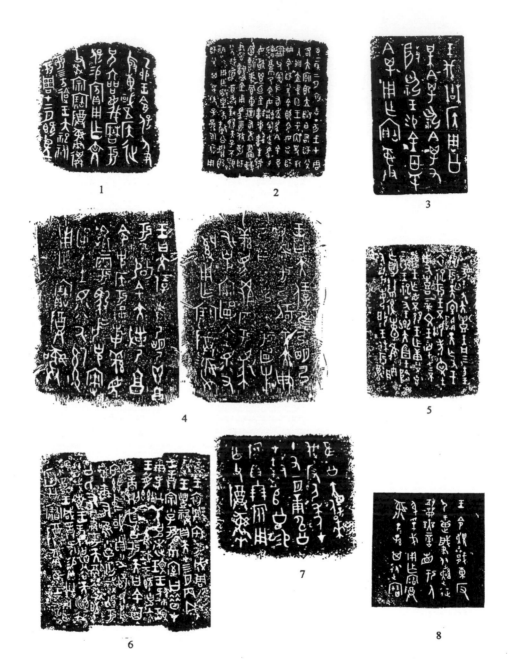

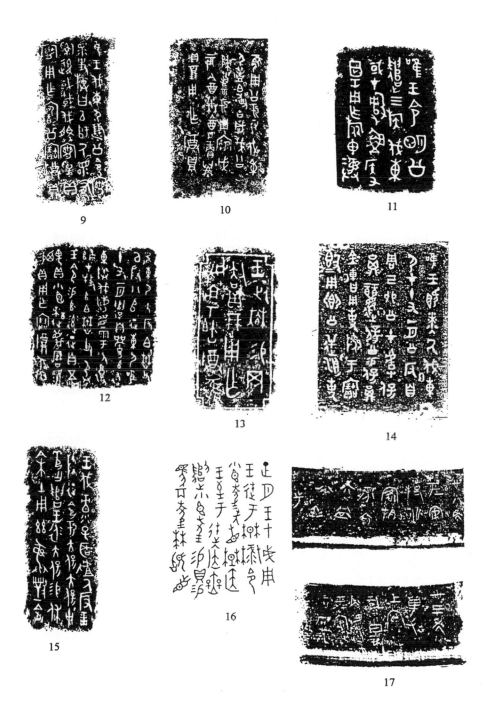

9

10

11

12

13

14

15

16

17

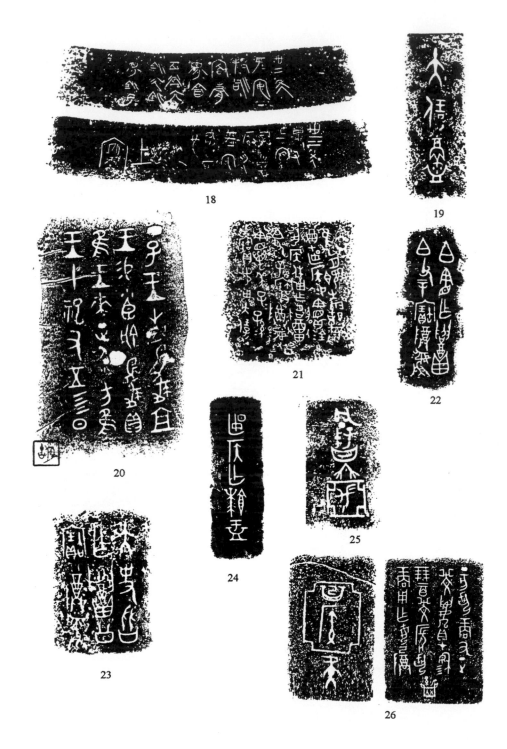

18

19

20

21

22

23

24

25

26

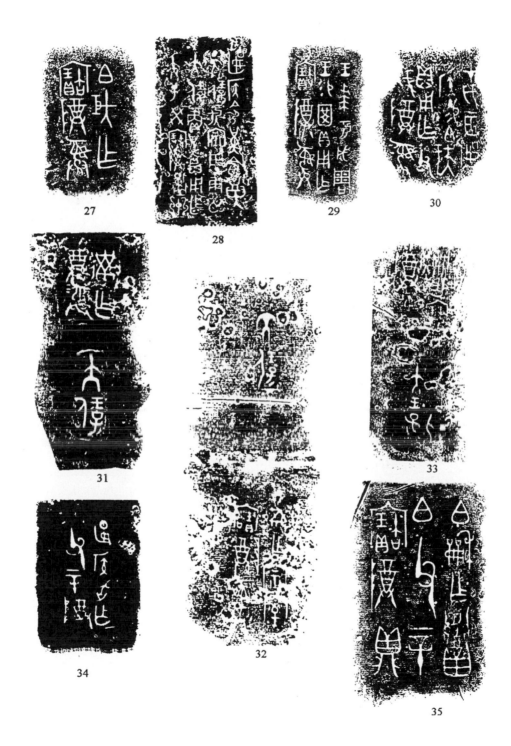

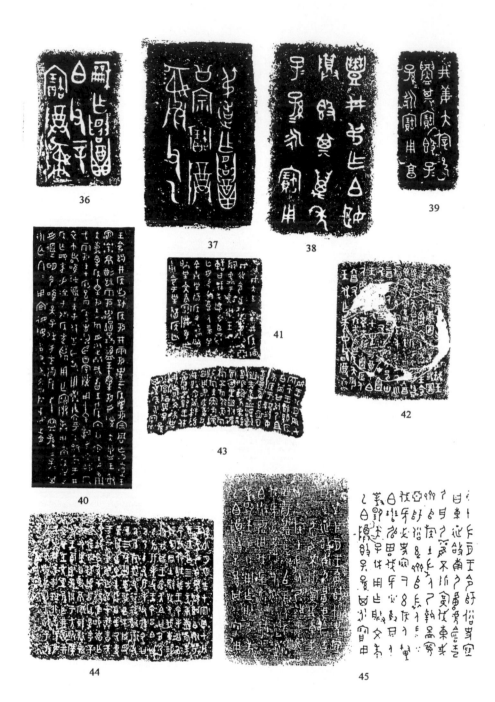

36

37

38

39

40

41

42

43

44

45

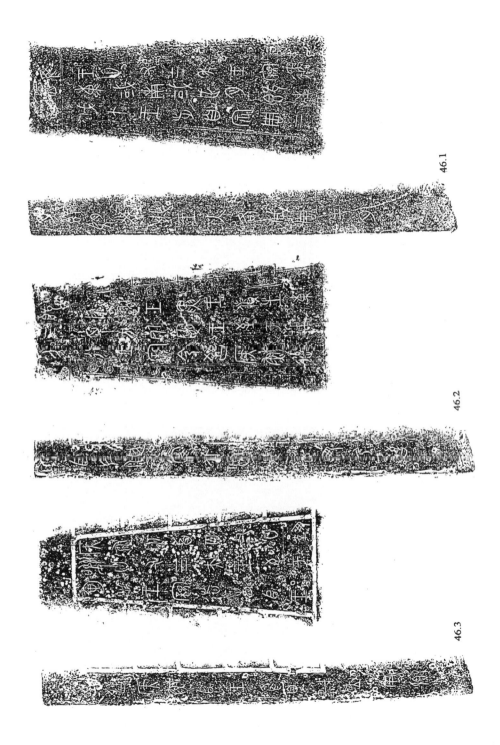

46.1

46.2

46.3

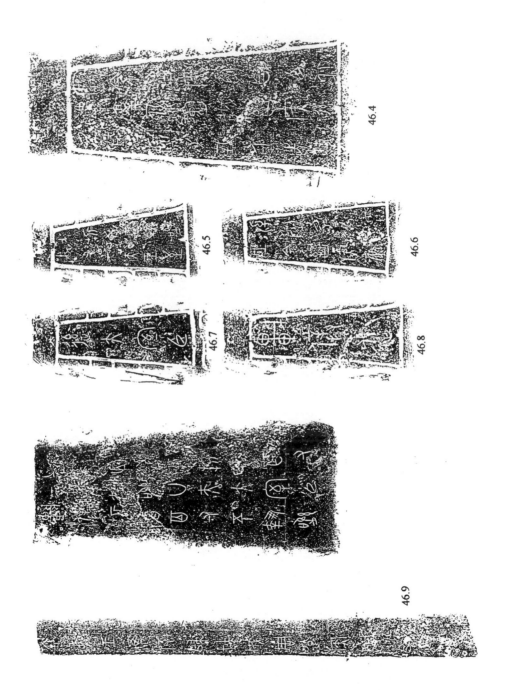

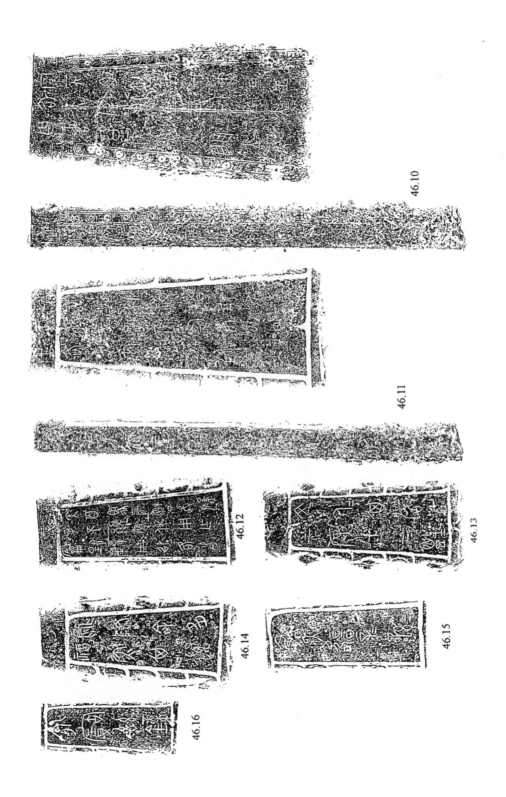

46.10

46.11

46.12

46.13

46.14

46.15

46.16

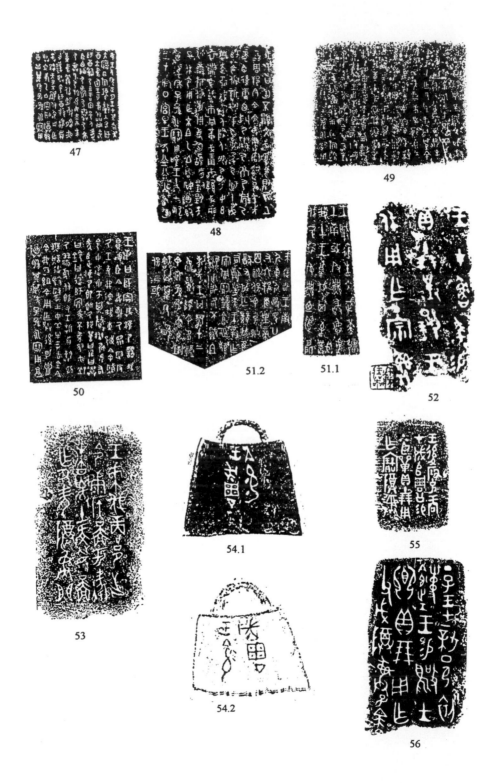

47

48

49

50

51.2

51.1

52

53

54.1

55

54.2

56

57

58

59

60

61

62

63

64

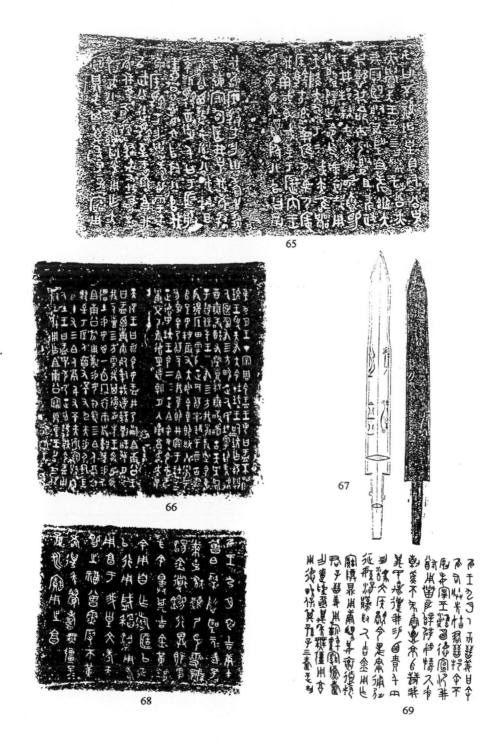

65

66

67

68

69

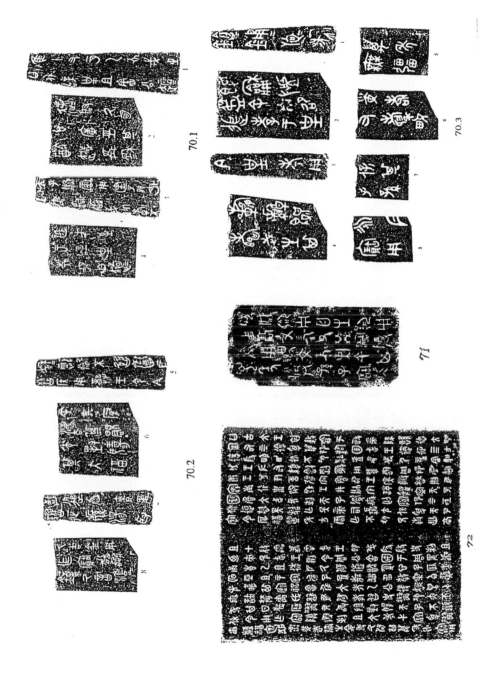

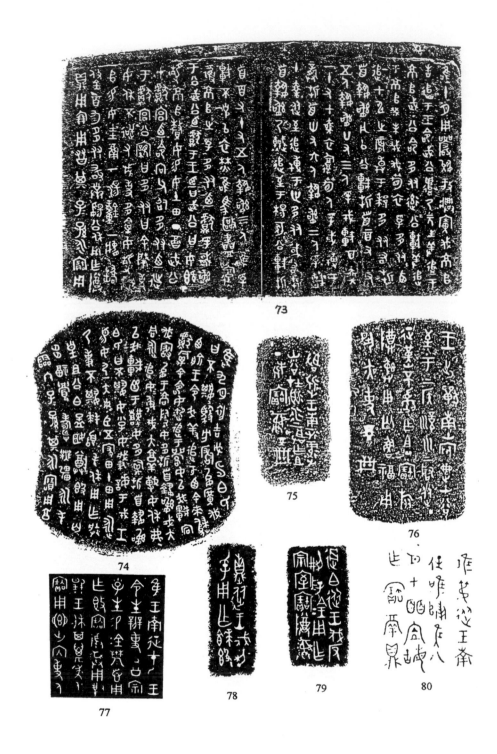

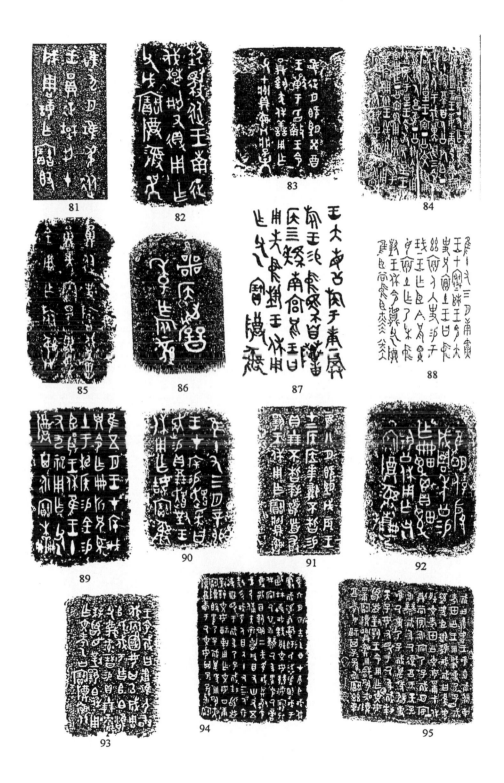

96

97

98

99

100

101

102

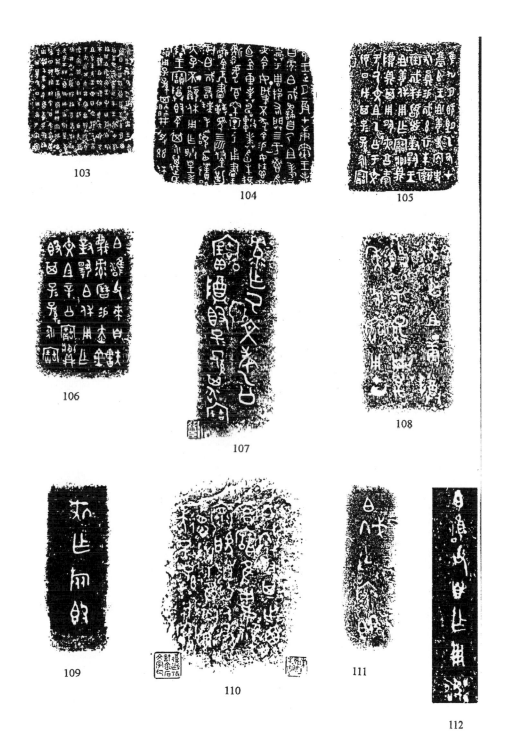

103

104

105

106

107

108

109

110

111

112

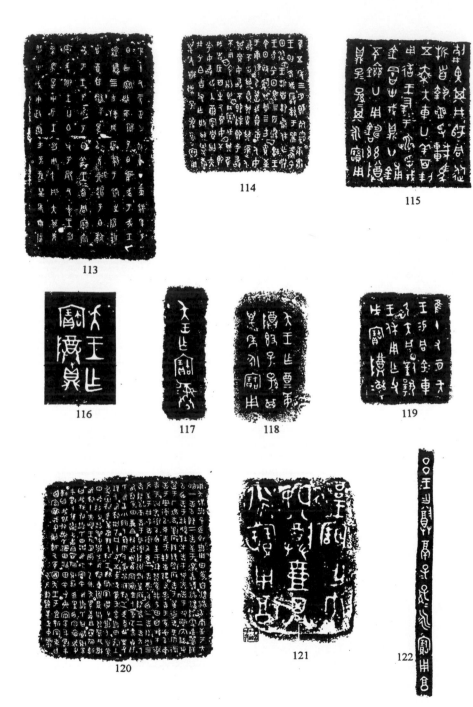

123

124

126

125

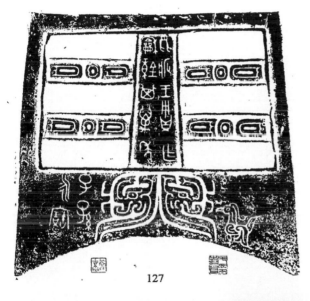

127

128

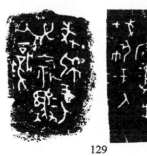

129

130

131

132

133

134

135

136

137

138

139

140

141.4　　　141.3　　　141.2　　　141.1

142　　　143　　　144

# 圖版部分　三

圖　次

太保玉戈銘文拓本　　太保玉戈銘文摹本

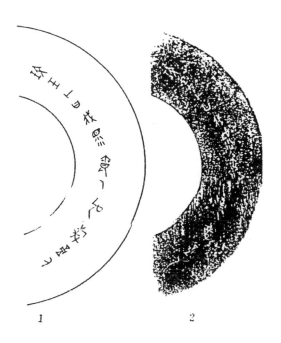

玉环（I 11M31：108）銘文

1. 摹本　2. 拓片（均为 2/3）

2

嶧山刻石

石高八尺八寸廣四尺三寸一行行廿
一字後刻鄭文寶記正書今在西安府學

皇帝立國維初在昔嗣世稱王討伐亂逆
威動四極武義直方戎臣奉詔經時
不久滅六暴強廿有六年上薦高號
孝道顯明既獻泰成乃降專惠親輎遠方
登于繹山羣臣從者咸思攸長追念亂世
分土建邦以開爭理功戰日作流血於野
自泰古始世無萬數陀及五帝莫能禁止
迺今皇帝壹家天下兵不復起
災害滅除黔首康定利澤長久
羣臣誦略刻此樂石以著經紀皇帝曰金石刻
盡始皇帝所為也今襲號而金石刻辭
不稱始皇帝其於久遠也如後嗣為之者不稱成
功盛德丞相臣斯臣去疾御史大夫臣德
昧死言臣請具刻詔書金石
刻因明白矣臣昧死請制曰可

3

—393—

# 後　記

　　《西周對外經略研究》原是 10 年前的舊作，是 2000 年時的博士論文，這次適逢花木蘭出版社有意收錄，編爲《古代歷史文化研究輯刊》中的一本，幾經考慮，並稍做修改，帶著幾分惶恐，讓這本書問世了。

　　在這裏有必要對幾經考慮和稍事修改做一些說明。我的博士論文是自 1999 年 6 月起始撰寫的，當時並不知道周書燦先生已完成與此一主題十分相近的博士論文，周先生的《西周王朝經營四土研究》是 2000 年 4 月出版的，當我 2000 年 8 月讀到這本書時，我的論文已接近完成階段。當時抱持著惶恐的心情通過學位考試，同年 12 月對論文做了必要的修改之後，就再也沒有對這部文稿進行修訂和補允了。正因爲事隔 10 年，文稿亦放置了 10 年，對於是否要答應花本蘭出版社的盛情邀約，著實考慮了一陣子。由於以下的三個因素，最後是以拋磚的心情，希望能引出美玉。第一個因素是，在古史研究方面，這 10 年來，相較於春秋、戰國時期的歷史研究而言，西周史的研究專著，是相對較爲稀少的；第二，與同屬古文字範疇的甲骨和戰國文字比較起來，這 10 年來關於金文的研究，特別是西周金文的研究，所引起的關注和討論也是較少的。另外，本文和周先生的專著在主題上雖然十分接近，但在內容和討論的問題上，還是有些差異，且業師蔡哲茂先生亦多所鼓勵。但礙於現今工作的因素，對於這部放置 10 年的文稿，雖然有不盡滿意之處，但也只能做一些文句上的改動和潤飾，這是要對讀者說聲抱歉的。

　　最後要對花木蘭文化出版社表達由衷的感謝之意。要不是對學術抱持著熱切的心，很難有人願意出版供「小眾」閱讀的純學術著作，特別是對於市場而言吸引力較低的、還不太成熟的碩博士論文。沒有這分心意，我想這本

《西周對外經略研究》也不會正式出版，這部文稿還只是靜悄悄地置身於國家圖書館，淹沒在眾多的學位論文之中；沒有這分心意，我想《西周對外經略研究》這個書名，恐怕也只是在未經分類的檢索目錄中，可能會出現的一條書目資料罷了。另外，文稿中數量繁多、細瑣的造字工作，經過出版社的費心，使閱讀上更為便利、美觀，在此一併致上謝意。